La asertividad

La asertividad:
para gente extraordinaria

Eva Bach y Anna Forés

plataforma

Plataforma Editorial
Barcelona

Primera edición en esta colección: marzo 2008
Segunda edición en esta colección: julio 2008
Tercera edición en esta colección: abril 2009

Plataforma Editorial
Plaça Francesc Macià 8-9 – 08029 Barcelona
Tel.: (+34) 93 494 79 99 – Fax: (+34) 93 419 23 14
www.plataformaeditorial.com
info@plataformaeditorial.com

Depósito legal: B. 14.270-2009
ISBN: 978-84-96981-11-9

Printed in Spain – Impreso en España

Ilustración de cubierta: © K1000 Roca
Ilustraciones de interior: págs. 33, 71, 124, 157 y 219
© iStockphoto; págs. 45 y 183
© Fotolia; pág. 121
© José Antonio Sartorio

Diseño de cubierta:
Rubén Verdú y peepingmonster
www.peepingmonster.com/theM

El papel que se ha utilizado para imprimir este libro proviene
de explotaciones forestales controladas, donde se respetan
los valores ecológicos, sociales y el desarrollo sostenible del bosque.

Impresión:
Romanyà-Valls; Verdaguer, 1 – Capellades (Barcelona)
www.romanyavalls.com

Con todo mi cariño y gratitud,
y de todo corazón,
a la familia Sartorio Lorenzo y a Tito,
gente extraordinaria donde la haya,
que está en el alma de este libro y en la mía propia.

EVA

A la familia Forés Miravalles,
extraordinarios ejemplos donde poder aprender
y a la familia Alonso Salvador
por ser sencillamente extraordinaria.

ANNA

La esperanza no es la convicción de que algo saldrá bien, sino la certeza de que algo tiene sentido, salga como salga.

VACLAV HAVEL

Índice

Agradecimientos

Éstos son agradecimientos sinceros, dedicados de todo corazón a una serie de personas sencillamente extraordinarias.

Extraordinarias por su ayuda y colaboración, por su confianza y apoyo incondicional, por su afecto y comprensión, por su talento y genialidad, por su calidez y generosidad, por los ejemplos que nos han aportado, las reflexiones que nos han suscitado y los aprendizajes que nos han propiciado...

Extraordinarias porque así las vemos y las percibimos.

Queremos comenzar con una caricia personal a todos aquellos/as que, de un modo u otro, han hecho posible este libro, entre quienes queremos destacar muy especialmente:

- A las primeras y más cercanas personas extraordinarias de nuestras vidas: nuestros respectivos padre y madre, hermano y hermana, así como Josep Anton, José Antonio, Aida, Anna, Marc y Adrià.

- A Jordi Nadal y Cati Farran por confiar en nosotras y proponernos un libro que nos sedujo desde el primer momento y que hemos disfrutado inmensamente. También por las oportunidades que se nos han presentado de poner en práctica la asertividad y de corroborar su eficacia comunicativa.
- A Tito y Olga, a K1000 Roca, a Oscar Pla, a Octavio y a José Antonio, por regalarnos su tiempo, su creatividad, su talento, su profesionalidad, su cariño y su exquisitez personal.
- A todos los/as autores/as que nos preceden y que con sus obras e investigaciones han realizado aportaciones significativas en torno a la asertividad, la comunicación y las relaciones humanas. Una vez más, a mi querido maestro Paco Sanz Reche, la primera persona a quien escuché decir que tenemos que ser asertivos/as hace más de diez años.
- A Pere Darder y Jordi Grané, compañeros de otras aventuras similares y queridos amigos, que han estado muy presentes mientras escribíamos este libro. También a Carme Trinidad y a Cecilia Martí, dos auténticos tesoros, y a todas las amigas/os y compañeras/os comunes, entre ellos los del libro «e-mociones», que nos han brindado ánimos, apoyo y energía para escribir juntas este libro.
- A nuestros maestros comunes, con especial cariño al Dr. Buenaventura Degaldo (*in memoriam*) y al Dr. Joan Mallart.
- A todos los centros e instituciones donde año tras año impartimos cursos específicos sobre comunicación, asertividad y relaciones interpersonales, entre los cuales destacamos el Ilustre Colegio Oficial de Doctores y Licenciados en Filosofía y Letras y en Ciencias de Cata-

lunya, la Diputación de Barcelona, la Universitat Pompeu Fabra, etc. A todas las personas que desde dichas instituciones nos prestan su apoyo y nos manifiestan y reiteran su confianza.

- A las distintas promociones de alumnos/as de dichos cursos y muy particularmente a las/os del curso «Habilidades de Comunicación y relación» del primer semestre del presente curso 07-08, del Colegio de Licenciados; a los compañeros y compañeras y a los estudiantes de las EUTSES Pere Tarrés y de la UB del mismo curso 07-08 y al profesorado del CEIP Era de Dalt de Tona. Sus preguntas, comentarios, reflexiones y experiencias nos han sugerido algunas aportaciones y matices de interés sobre la asertividad, que han quedado plasmadas en este libro.
- A las personas próximas y no tan próximas que se han cruzado en nuestras vidas durante la realización de este libro y nos han ofrecido experiencias, anécdotas y ejemplos cotidianos relacionados con la asertividad.
- A Enric Benavent, Montse Comas, Montse Valero, Toni Olives, Tomás Gamarra, Miquel Moré, Maribel Hermoso, a Esther López y a Mercè Baró, que nos han dado permiso para utilizar las suyas, y a Mariano Royo, por todo lo que aprendo con él y por facilitarme en su día algunos recursos muy sugerentes para trabajar la asertividad.
- A Cecilia Martí, gran dama y maestra de las caricias.
- A Lydia Conejo y Fina Esclapez Agulló, amigas del alma, por compartirlo todo con nosotras y estar siempre tan cerca.
- A profesionales extraordinarios como J. M. Marín Olmos y Claudia Chacra, por su saber y sus buenos consejos.
- A mi querido grupo de padres y madres amigas/os de la Escola Pia Balmes de Barcelona. Por nuestros lazos y

nuestras cenas. Por ser incondicionales, esperar siempre con ilusión mi próximo libro y acompañarnos en todas las presentaciones.

- A todas las personas que muestran interés por mejorar sus relaciones con los otros, voluntad por seguir aprendiendo y esperanza en conseguirlo.
- A las personas extraordinarias que están aún por descubrir y descubrirse.
- Y a ti, por ser sencillamente extraordinari@.

Introducción

Una flor llamada asertividad

La asertividad es para nosotras como una flor.

Una flor para regalar o una flor para ser aceptada. Porque las relaciones humanas suponen un dar y tomar continuo, y porque tomar y dar son el haz y el envés de la vida misma y de la felicidad.

Una flor que requiere unos cuidados, unos mimos y unas atenciones especiales, a fin que lo que demos y lo que tomemos contenga nutrientes de calidad y nos ayude a crecer como personas.

Una flor que emana belleza y delicadeza, pero que tiene también algunas espinas, que, además de realzar dicha belleza, la hacen más real.

Como todas las flores, su *cultivo precisa* el aprendizaje de unas técnicas, pero para alcanzar todo su esplendor requicre necesariamente el desarrollo paralelo de un arte personal.

La flor que iremos dibujando a lo largo de estas páginas sabe a tierra, a aire, a mar, a cielo, a sol, a luna, a jardín, a desierto, a lluvia, a tormenta, a calma, a melodía, a silencio..., y tiene forma, tacto, olor y color de rosa.

Poco a poco irás descubriendo por qué.

Nuestro propósito es entretejer un conjunto de reflexiones, sentimientos, deseos y anécdotas, que inspiren y favorezcan el desarrollo de actitudes esencialmente asertivas, así como aportar algunos ejemplos que ilustren maneras posibles de expresarnos y de actuar asertivamente.

Queremos contarte pequeñas historias, repletas de magia y cotidianeidad a la vez, que despierten palabras que se nos han quedado dormidas en la oscuridad de la noche o en el silencio del desierto. Palabras que levanten una cálida brisa a su paso y que esparzan por el aire semillas de esperanza. Esperanza de corazones que se abren, se reencuentran y se funden en un abrazo invisible.

El libro está dividido en siete grandes bloques o capítulos, más un epílogo y un apéndice:

1. **Rosas en el mar** (a quién va dirigida la asertividad)
2. **La rosa del desierto** (qué es y para qué sirve la asertividad)
3. **El hechizo de la luna** (lo asertivo y lo no asertivo)
4. **Rosa-rosae** (requisitos del comportamiento asertivo)
5. **Un manto de flores** (curiosidades de la asertividad)
6. **Polvo de estrellas** (cómo contagiar asertividad)
7. **Llueven pétalos** (delicias asertivas)

- **Apéndice:** Para quienes quieran comenzar por el final
- **Epílogo:** Para quienes quieran terminar con magia

Te ofrecemos la opción de empezar el libro por el final, por el apéndice, si antes de adentrarte en la lectura tienes interés en conocer algunos datos relevantes sobre el origen del término asertividad, algunas definiciones que le aporten unos rayos de luz inicial, así como los nombres de unos cuantos autores/as destacados/as, cuyas aportaciones son especialmente relevantes y constituyen la base en la que se sustenta este trabajo, puesto que ellos son los primeros maestros.

Nos ha parecido de rigor aportar una información teórica básica, que hemos procurado que sea breve y que mantenga cierta frescura. La hemos colocado al final porque el tono y el registro utilizados son diferentes de los siete capítulos que hemos enumerado y del epílogo. Sin embargo, es la fuente originaria de la que emana cualquier idea posterior y conforma, por tanto, la primera y la más relevante de todas las historias que contamos.

Para gente extraordinaria

La asertividad es para gente extraordinaria. La razón es muy sencilla. En manos de personas que no están dispuestas a aprender y a crecer como personas a lo largo de toda la vida, y que no tienen demasiado interés en cuidar y mejorar sus relaciones, pierde todo su sentido y resulta inútil e ineficaz.

Ser una persona extraordinaria no significa tener cualidades excepcionales ni hacerlo todo bien. Las personas extraordinarias son personas de buen corazón que a veces se pierden en las formas.

Son personas que lo quieren hacer bien y les sale mal. Personas humildes que asumen con naturalidad que se equivocan y no ponen, por tanto, toda la responsabilidad de lo que les ocurre en los otros, sino que reconocen sus propias dificultades y están dispuestas a poner algo de su parte para aumentar su propio bienestar y el de quienes le rodean. Las personas extraordinarias son personas que no piensan solamente en ellas, que antes de señalar a otro con el dedo acusador se miran a sí mismas y admiten sus propias limitaciones en lugar de airear las de los otros. Son personas que quieren ser felices, que también se alegran de que lo sean los otros y que, en la medida de sus posibilidades, contribuyen a que lo sean.

Éste es un libro para personas que sueñan con ser felices, que creen en la fuerza y la magia de las relaciones personales para generar y contagiar felicidad, y que quieren unir sus manos a otras manos para sembrar, recoger, compartir y regalar momentos felices.

Es un libro para personas que quieran conocer a fondo esta flor llamada asertividad y que estén dispuestas a practicar y reflejar lo extraordinario.

Hay gente que se cree extraordinaria y quizás no lo es tanto como cree.

También hay gente realmente extraordinaria que no se reconoce como tal.

Y, por suerte, hay cada vez más gente dispuesta a extraer y a practicar lo extraordinario.

No sabemos a qué categoría/grupo perteneces tú, querido/a lector/a.

- Lo que sí te podemos asegurar es que si has cogido este libro con el propósito de mejorar como persona, con el deseo de dar un toque de delicadeza a tus relaciones o con la intención de regalárselo a alguien a quien consideras extraordinario, entonces la respuesta está clara. Tú ya eres sencillamente extraordinario/a. Para nosotras, quien tiene presente que vive y convive con otros y quiere cultivar la exquisitez para brindársela a esos otros, ya es extraordinario o como mínimo va camino de serlo.

La asertividad tiene que ver con la necesidad de cuidarnos y protegernos unos a otros, con el deseo de generar confianza y proximidad a través de la comunicación y con el noble propósito de ofrecernos pequeños instantes de felicidad. Surge de la firme voluntad de contribuir al bien común a partir de la mejora propia. En realidad, nace del profundo deseo de tener a mano «una flor» para ofrecer a quienes nos rodean y construir entre todos un entorno progresivamente más cálido y acogedor.

Es una actitud muy necesaria para el buen funcionamiento de las relaciones interpersonales y es cosa de dos, como mínimo. Contrariamente a lo que a veces se cree, la asertividad implica generosidad y es inconcebible sin la empatía y la consideración hacia el otro. No significa un egoísmo o un egocentrismo ilimitados. No se limita a hablar de mí, de mis sentimientos, deseos, opiniones y preferencias. Implica escuchar, conocer y considerar también los de quienes nos rodean, atender no sólo a los sentimientos que los otros desencadenan en nosotros con sus palabras y sus actos, sino también a los que nosotros desencadenamos en ellos.

Podemos considerar la asertividad como un recurso para comunicar de un modo respetuoso y oportuno lo que yo siento y para acoger con el mismo respeto lo que sienten los otros. No es en modo alguno una estrategia para ocultar lo que de verdad sentimos. Sería un error pensar que se reduce a utilizar bonitas palabras para disimular nuestros sentimientos, pues lo que sentimos lo comunicamos siempre de un modo u otro. Si no lo hacemos con las palabras, lo hacemos con el tono de voz, la mirada, la expresión facial, los gestos, la postura corporal, etc. Para lo que sí puede servirnos es para aprender a contener y a canalizar adecuadamente determinadas emociones.

Tampoco es, como veremos, una fórmula que podamos aplicar mecánicamente. Se puede utilizar como una técnica para expresar de un modo sencillo sentimientos difíciles o complejos y salir más o menos airosos de determinados aprietos. Pero de igual modo que la verdadera elegancia no está en la ropa, sino en el posado y la actitud de quien la luce, la asertividad sólo tiene algo de extraordinario y nos reviste de un brillo especial cuando la acompañamos de un sentimiento profundamente ético y estético de la vida y las relaciones.

Con estos dos ingredientes como base –la consideración hacia los otros y la sensibilidad hacia la belleza–, podremos comprender las técnicas asertivas y aprender los cómos. Aunque también queremos avanzar que cuando los métodos y procedimientos asertivos están bien formulados y no se aplican como una mera fórmula al servicio de unos intereses personales, se convierten en sí mismos en un camino hacia dichos valores.

La asertividad no es coser y cantar; requiere un entrenamiento y dedicación por nuestra parte, sobre todo en aquellas situaciones en que ciertas emociones –conscientes o no– se nos llevan por delante y secuestran nuestra capacidad de reflexionar o actuar desde la calma y la serenidad. Pero lo más difícil no es su aprendizaje ni su práctica, sino la comprensión profunda de la delicadeza, la nobleza de corazón, la honestidad, la humildad, la responsabilidad, la voluntad de mejora y la consideración hacia los otros, que en el fondo implica.

Son estos sentimientos y estos valores que la asertividad entraña, y que hace falta que inspiren el comportamiento asertivo y que latan por debajo de él, los que nos han movido a escribir este libro. Cuando seamos capaces de comprender el significado de la palabra asertividad en toda su amplitud, estaremos en una buena disposición para aprender a comportarnos asertivamente y para comenzar a practicar, poco a poco, lo extraordinario.

📖 No existe una única forma en el mundo de comportarse asertivamente, sino una serie de estrategias que pueden variar según la persona, el contexto, la sociedad y la cultura en que se viva. La asertividad es, como la empatía, un comportamiento que se ha de incorporar a nuestro catálogo de conductas. Pero no es una tiranía ni una obligación ni algo que se debería ser... aunque si lo consigue vivirá mucho mejor con usted y con los demás.

XAVIER GUIX
Ni me explico ni me entiendes

Primera parte

Rosas en el mar

(a quién va dirigida la asertividad)

Voy buscando un amor
que quiera comprender
la alegría y el dolor,
la ira y el placer.
Un bello amor sin un final
[...]

Voy buscando la razón
de tanta falsedad
[...]

Voy buscando un lugar
perdido en el mar
[...]

LUIS EDUARDO AUTE
Rosas en el mar (fragmentos)

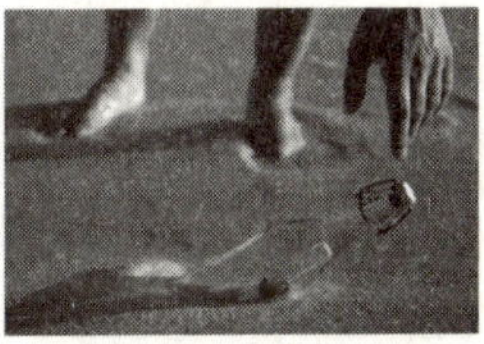

Vivimos en medio de una multitud. Día a día nos relacionamos y nos cruzamos con innumerables personas. Pero no siempre nuestros corazones se abren y se encuentran. A veces nos separa una gran distancia, a pesar de estar tan cerca.

A veces queremos aproximarnos y no lo conseguimos. Tenemos cosas que decirnos y no sabemos expresarlas. Nos hace falta comunicarnos y no logramos escucharnos, comprendernos, respetarnos, cada uno tal cual somos.

¿Alguna vez te has sentido como un náufrago en una isla desierta? Desierta de delicadeza, de tacto, de calidez, de humanidad...

Si es así, aquí tienes una botella con una rosa en su interior. Si llevada por las olas ha llegado hasta tus manos, puede que haya algún mensaje para ti.

■ Un mensaje para ti ■

Algunas personas habrán tenido claro desde el primer momento que la asertividad es un tema de su interés. Otras puede que lo duden, y para otras quizás no tenga ningún interés (aunque si estás leyendo esta página, éste no es tu caso).

Si te estás preguntando qué clase de mensaje viene en la botella que las olas han llevado hasta la orilla y a quién puede dirigirse, aquí tienes algunas pistas:

Si crees que las relaciones interpersonales son muy complicadas,
hay un mensaje para ti.
Si crees que no son nada complicadas,
hay un mensaje para ti.

Si piensas que vale la pena cuidar las relaciones,
hay un mensaje para ti.

Si te traen sin cuidado tus relaciones,
hay un mensaje para ti.

Si hay cosas que querrías decir y no dices,
hay un mensaje para ti.
Si hay cosas que no querrías decir y dices,
hay un mensaje para ti.

Si dices siempre lo que piensas,
hay un mensaje para ti.
Si no dices nunca lo que piensas,
hay un mensaje para ti.

Si escuchas lo que los otros dicen de ti,
hay un mensaje para ti.
Si te da lo mismo lo que los otros digan de ti,
hay un mensaje para ti.

Si crees que la felicidad depende sólo de ti,
hay un mensaje para ti.
Si crees que tiene algo que ver con los otros,
hay un mensaje para ti.

Disfrutar, saborear, gozar... *Qué puedes esperar de la asertividad y de este libro*

Queremos que quien tenga este libro en sus manos sepa bien desde las primeras páginas hacia dónde nos dirigimos. Cuáles son los objetivos que perseguimos y cuáles debemos descartar de entrada.

Nuestro propósito podemos decir que es doble:

- Tenemos uno de máximos: favorecer el placer de comunicarnos, el goce del encuentro y del reconocimiento mutuo, la emergencia de una auténtica corriente de afecto en las relaciones.
- Y otro de mínimos: propiciar, cuando no es posible lo anterior (no siempre lo es), el respeto mutuo y la asunción de la propia responsabilidad que cualquier interacción humana requiere. Cuando a pesar de todo somos capaces de mirarnos con respeto y asumir nuestra parte de responsa-

bilidad, tenemos ya un pie en el terreno del reconocimiento y el afecto.

Ambos propósitos podemos hallarlos en los inicios mismos de la asertividad.

La idea que tiene que guiarnos a lo largo de este recorrido que vamos a emprender, y que debería seguir acompañándonos una vez finalizado el mismo, es la de la asertividad como medio o recurso para un encuentro más próximo, más respetuoso, más honesto y también más humano con los otros.

Asertividad no significa afirmarse uno le pese a quien le pese. De ser así, se contravienen los derechos del otro y en lugar de orientarnos hacia el encuentro y el intercambio verdadero, nos encaminamos hacia el cultivo del propio ego, el sometimiento del otro y la prepotencia. Además, entendida como mera autoafirmación, la asertividad no soluciona nada, puesto que los enfados y desavenencias se resuelven en el plano emocional, cuando se encuentran los sentimientos, y no en el verbal, recurriendo a una técnica de expresión determinada.

Debemos renunciar, por tanto, desde buen comienzo, a un uso instrumental de la asertividad, a orientarla a fines exclusivamente personales y a utilizarla para salirnos con la nuestra, echando mano de filigranas verbales. Aplicada como mera fórmula, la asertividad es un triste y penoso baile a solas. No contempla la empatía ni la escucha, no sintoniza la frecuencia que cada relación requiere, no tiene en cuenta la debida adecuación a las diversas situaciones y circunstancias y, además, por si fuera poco, resulta completamente ineficaz.

La asertividad es una habilidad que subyace en todas las habilidades de comunicación y relación, y en este sentido podemos considerarla una meta-habilidad. Sin embargo, para que podamos hacer un buen uso de ella y sirva realmente a una mayor cercanía y entendimiento entre las personas, tiene que sustentarse en un sentimiento auténtico de empatía y unos valores determinados que iremos abordando a lo largo de estas páginas.

La asertividad no se dirige solamente a los otros

¿Cuál dirías que es la respuesta correcta?

a) La asertividad es muy complicada o es para gente complicada.
b) La asertividad es puro sentido común.
c) La asertividad es un palabro moderno que no descubre nada nuevo.
d) Se es asertivo por naturaleza o no se es y punto.
e) Esto de la asertividad es muy bonito, pero es una utopía.
f) La asertividad es para los otros. Yo ya lo tengo superado.
g) La asertividad tiene «poder». Es necesaria para expresarnos con respeto y se puede y se debe aprender.

Solucionario: g

Ante cuestiones relacionadas con la comunicación y las relaciones humanas, se dan una serie de reacciones bastante curiosas.

Hay personas que piensan que todo lo que tiene que ver con estos temas es muy complicado y no vale la pena dedicarle tiempo porque genera un desgaste muy grande. Para estas personas es más fácil que cada uno haga lo que le plazca y se apañe como pueda con sus problemas.

Quienes piensan así viven junto a otros, pero han renunciado a convivir realmente con otros. Para ellos los demás están realmente de más. El pesimismo, la desconfianza, la desesperanza, el temor a enfrentar sus propias dificultades, se han apoderado de ellos y no se cuestionan nada sobre sí mismos ni se plantean tratar de hacer nada para mejorar las cosas. La única salida es resignarse a lo que hay y que cada palo aguante su vela.

También hay personas que creen que hablar de comunicación y relaciones es una tontería y una pérdida de tiempo. Piensan que son cuestiones de puro sentido común –un sentido que probablemente ellas consideran tener en perfecto estado–, cuestiones que no tienen, por tanto, ningún secreto, y están convencidas de que nadie va a poder enseñarles al respecto nada que no sepan.

Otro tipo de personas son las que se quejan de los problemas que tienen y, pese a desear unas relaciones mejores, no están dispuestas a hacer nada ni a poner nada de su parte para conseguirlo. Para estas personas, la asertividad y la empatía son cosa de otros. Ellas ya hacen lo que tienen que hacer y quienes tienen que cambiar son los demás:

- «Esto de la asertividad y la empatía les hace mucha falta a los de mi empresa –nos dijo una persona que asistía a una conferencia nuestra–. ¿No podrían ir a darles un curso?», nos preguntó con cierta ironía.

❀ La asertividad nos hace falta a todas las personas y a las que creen tenerlo superado aún más. Si quieres conocer a fondo los poderes de la asertividad, imagínate una rosa del desierto, búscala en estas páginas –la tienes muy cerquita– y sigue leyendo.

Segunda parte

La rosa del desierto

(qué es y para qué sirve la asertividad)

La primera vez que vi una rosa del desierto, alguien me habló de mares marchitos hace siglos y de flores de agua que el tiempo y el olvido disfrazaron de piedra.

MARIOLA DEL POZO
Los cuentos de la arena

¿Qué tendrá que ver la asertividad con la rosa del desierto?

Todo lo que nuestra imaginación y capacidad simbólica alcancen o den de sí.

Aquí tienes unas cuantas pistas:

La rosa del desierto aparece en zonas en la actualidad desérticas, que fueron ocupadas por antiguos mares o lagos salados. Es un conglomerado de origen sedimentario formado por cristales de yeso entrecruzados y unidos entre ellos por la cimentación de la arena y los restos que deja el agua evaporada. Los cristales de yeso tienen forma como de pétalo y cuando se juntan adoptan formas que se asemejan a una rosa.

La leyenda de la rosa del desierto, como la asertividad, nos habla de flores de agua disfrazadas de piedra, del amor posible entre una duna y un rosal que dejó el desierto sembrado de flores de arena, de vientos cálidos, como el siroco, que esparcen por el aire promesas de encuentro y semillas de esperanza para la humanidad.

■ ¿Asertivi... qué? ■

Asertividad, empatía, resiliencia, serendipidad[1]... ¿A qué viene tanta palabra nueva? ¿Ganas de complicar las cosas? ¿De impresionar al personal? ¿De engrosar el diccionario?

En un curso con ingenieros que tenían que formar a un grupo de empleados a pie de máquina, se trataban asuntos como las fases del aprendizaje, los factores de motivación de un grupo o los requisitos que debe cumplir una exposición didáctica. Todo les parecía de sentido común y, por tanto, carente de valor. Cuando la formadora, un poco mosca, cambió de tercio y comenzó a utilizar todos los tecnicismos po-

1. Existen varios intentos de adaptar el término al español, desde el calco *serendipiti*, hasta las mucho más difundidas y aceptadas por los hablantes –según se deduce de su frecuencia en los textos– *serendipia* y *serendipidad*. Ninguno de estos términos ha sido de momento incorporado al DRAE. El *Diccionario del Español Actual* de Manuel Seco recoge *serendipidad*, definida como «facultad de hacer un descubrimiento o un hallazgo afortunado de manera accidental».

sibles, de repente todo cobró mayor importancia y se tomaron el curso mucho más en serio.

Poner un nombre a cada idea importante da entidad a dichas ideas y les otorga el poder de transformar nuestra manera de pensar, sentir y actuar.

De las cuatro que señalamos, empatía es tal vez la más popularizada, seguida en segundo lugar por asertividad. A continuación vendría resiliencia y serendipidad es quizás la menos conocida. Las cuatro son habilidades para la vida y las relaciones interpersonales, y guardan cierta relación entre ellas.

Resiliencia y serendipidad tienen que ver con la capacidad del ser humano de crecer, madurar y transformarse con las dificultades y extraer algo positivo de aquello aparentemente desfavorable o negativo. Empatía y asertividad tienen que ver con una idea tan bonita, poderosa y llena de contenido como la anterior: el descubrimiento de que no hay magia comparable a la que encienden en nuestras vidas unas relaciones de calidad.

Hasta hace muy poco, y todavía sigue ocurriendo de tanto en tanto, cuando en una clase o en una conferencia pronunciábamos la palabra asertividad, siempre había alguien que con cara de extrañeza pedía una aclaración:

– Perdone, ¿cómo ha dicho? ¿asertivi...qué?

A menudo había que repetirla, deletrearla, ponerla por escrito y por supuesto explicar su significado. Poco a poco, gracias a la labor de una serie de profesionales y de algunos libros muy concretos que referenciamos en la parte final, su uso se ha ido extendiendo. Cada vez más personas saben que «hay que ser asertivos», aunque no todas ellas sepan precisar con exactitud qué significa o qué implica realmente ser asertivo.

Asertividad, empatía, resiliencia, serendipidad... No son palabras vacías. Tampoco se ha inventado la sopa de ajo con ellas. Son cuatro ases como cuatro soles para una partida de lujo.

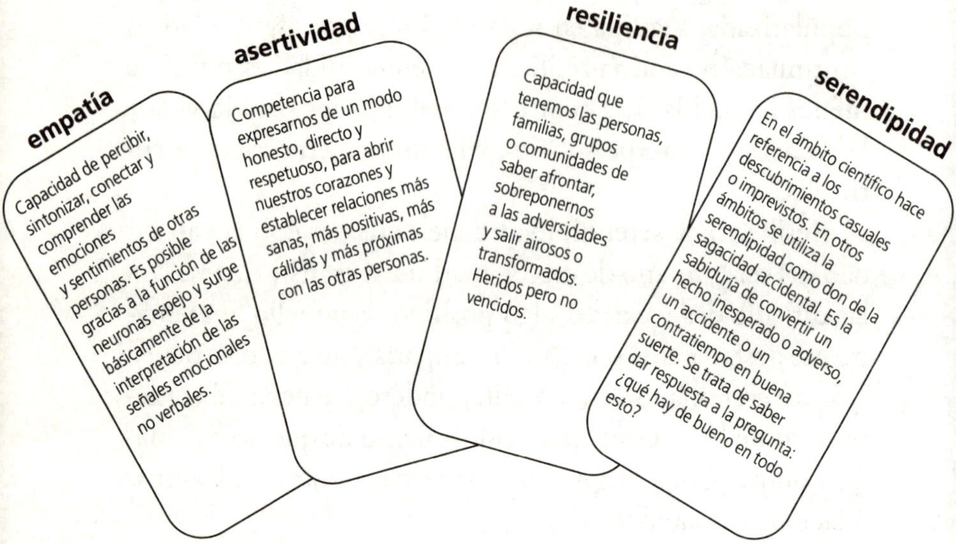

Ella tiene poder
La asertividad como fuente de felicidad

Ella nos ha reunido y nos traído hasta aquí.
Ella nos llena de ilusión y nos hace soñar despiertas/os.
Ella ama y se deja querer...
Como la gitana hechicera de la rumba, ella tiene poder.

El porqué y el para qué de la asertividad tienen poder. Lo tienen por una razón muy sencilla: la estación de destino de este tren de largo recorrido llamado asertividad es la felicidad y la felicidad no requiere grandes justificaciones. Todos sin excepción deseamos ser felices. Efectivamente, ¿quién no se desea ser feliz?, escribió Platón en uno de sus diálogos.

Asertividad y felicidad están estrechamente relacionadas desde el momento en que ambas tienen que ver con la calidad de las relaciones que mantenemos con quienes nos rodean.

La asertividad hace referencia a la capacidad de comunicarnos de un modo honesto y respetuoso. Es la ternura invisible con la que envolvemos nuestras palabras y nuestros actos para favorecer una buena sintonía y un intercambio positivo con los otros.

En cuanto a la felicidad, depende en buena medida de los vínculos afectivos que somos capaces de establecer con esos otros. Estudios realizados en este sentido corroboran que una de las características principales de las personas que se consideran felices es que gozan de una buena red de relaciones estables con otras personas.

Lo que acabamos de decir tiene una base neurocientífica. Las interacciones sociales afectuosas, cordiales y positivas estimulan la secreción de oxitocina (conocida como hormona del amor) y se convierten en fuente de salud y bienestar. Las buenas relaciones son, como señala Goleman, aliados biológicos.

📖 La felicidad es el prólogo de la vida significativa: «Es emplear las fortalezas y virtudes características al servicio de algo que trascienda nuestra persona [...] Una vida plena consiste en experimentar emociones positivas respecto al pasado y al futuro, disfrutar de los pensamientos positivos».

SELIGMAN
La auténtica felicidad

Dicho con otras palabras, la asertividad es una de las claves de las relaciones armoniosas y las relaciones armoniosas son una de las claves de la felicidad. Sin la base de respeto y el toque de delicadeza que supone la asertividad es difícil tejer unas buenas relaciones y sin unas buenas relaciones es difícil sentirnos felices.

Las buenas relaciones constituyen la base de la sensación de plenitud y felicidad vital. Por eso es tan importante cuidarlas. El signo positivo o negativo de la suma de todas las interacciones que mantenemos, por ejemplo, en el trabajo, determinan no sólo nuestra satisfacción o insatisfacción y nuestra sensación de bienestar o malestar, sino también nuestro nivel de rendimiento.

Nuestra felicidad depende de la calidad de nuestras relaciones y la calidad de nuestras relaciones depende del grado de asertividad, afecto y empatía que seamos capaces de desarrollar. Los otros nos influyen y nosotros influimos en ellos, por lo que debemos asumir necesariamente una actitud responsable y asertiva.

Asertividad rima con felicidad y no es una mera coincidencia léxica o fonética. La asertividad es un poderoso recurso para la felicidad y de ahí el gran interés que despierta. Nos interesa y nos parece necesaria porque tiene que ver con algo tan cotidiano como nuestra forma de comunicarnos, así como con los efectos y repercusiones que ésta tiene sobre nuestras relaciones y nuestro bienestar.

Asertividad: una flor para ti

La asertividad exige y al mismo tiempo presupone respeto hacia uno mismo y hacia los otros. Según explica J. M. Terricabras, respeto significa, etimológicamente, girarse hacia, mirar atrás, considerar.

Asertividad significa, por tanto, consideración por uno mismo y por los otros, y la apuesta por la asertividad implica una apuesta clara y decidida por unas relaciones de calidad.

La asertividad es para nosotras el arte de la exquisitez interpersonal. Es una flor que cultivamos con esmero y ofrecemos a otro para perfumarle la vida y hacernos más agradable la existencia. Es una suave y deliciosa fragancia que desprendemos nosotros y desprende nuestra forma de relacionarnos y comunicarnos, cuando agudizamos nuestra sensibilidad para captar e incorporar, a nuestro repertorio social, toda una serie de sutilezas de textura muy fina que marcan la línea divisoria entre lo ordinario y lo extraordinario.

Como todo arte, requiere por una parte el conocimiento de unas técnicas y por otra el desarrollo de un estilo propio. Pero lo primero y lo más importante que hace falta es el deseo de ser asertivo/a. Quien en lugar de quejarse de que los otros no son asertivos muestra la firme voluntad de aprender a expresarse asertivamente, tiene todos los números para lograrlo y para convertirse, además, en alguien que irradia ese algo extraordinario a su alrededor.

Es muy necesario que nos familiaricemos con esta palabra y que sepamos identificar claramente las conductas asertivas y distinguirlas de las que no lo son. Por una razón muy sencilla. Porque cuando una persona se esfuerza por ser asertiva nos está haciendo un regalo, está queriendo respetarse y respetarnos, aunque no siempre consiga su propósito. Cuando una persona se esfuerza por ser asertiva está queriendo ser delicada y considerada y es muy importante que lo sepamos ver y entender así.

En realidad, es como si nos dijera: «Toma esta flor. Aunque no sea ninguna maravilla, te la ofrezco de corazón».

Ser capaces de percibir lo extraordinario que hay detrás de una acción, aunque ésta no sea perfecta en su ejecución, nos permitirá mirarnos unos a otros con mejores ojos y ser más indulgentes ante los errores que todos cometemos, a menudo con la mejor de las intenciones.

La asertividad siempre tiene algo de extraordinario, incluso cuando se queda a medio camino de sus propósitos. El problema es que lo extraordinario está separado de lo ordinario por una fina y sutil frontera que sólo puede apreciarse si estamos dispuestos a mirar ciertas cosas con otros ojos.

Las buenas noticias son noticia

La asertividad es un derecho –todos merecemos ser bien tratados– y a la vez un deber –todos tenemos que tratar bien a las otras personas.

A veces para justificar la asertividad se recurre solamente a lo negativo. Se recalcan las dificultades que entrañan hoy en día las relaciones personales; se magnifican los datos alarmistas sobre el aumento de la conflictividad, la irritabilidad, las tensiones; se insiste en la complejidad creciente de nuestro mundo global... Lo que tiene que movernos a desarrollar actitudes asertivas no es el afán de evitar los problemas ni el miedo a pasarlo mal en nuestras relaciones, sino un profundo deseo de pasarlo bien, acompañado de un claro sentido de la propia responsabilidad.

Si bien es cierto que la asertividad nació como un remedio para evitar determinados males en el campo de las relaciones interpersonales –como habrá descubierto quien haya empezado el libro por el final–, en este momento tanto ella, como sus compañeras de viaje la empatía, la resiliencia, la serendipidad e incluso la propia felicidad, participan de un giro en positivo que está experimentando el conocimiento. Responden a la recién estrenada tendencia de investigar y comunicar lo apreciativo, lo bello y la riqueza de la especie humana y no sólo lo deficitario.

Por fin se han comenzado a estudiar a fondo todos aquellos ingredientes que nos procuran unas relaciones más armoniosas y una vida más dichosa. Nos hemos dado cuenta de la importancia de que las buenas noticias también sean noticia, de la necesidad colectiva de divulgar lo positivo, de practicar lo exquisito para contagiarlo y expandirlo, para que poco a poco vaya calando en nuestras mentes y vaya prendiendo en el corazón de más y más personas.

Todos podemos constatar, por ejemplo, hasta qué punto nuestras relaciones están fuertemente condicionadas por las emociones y sentimientos tanto propios como ajenos. Estos son el elemento clave para conectar con los otros y tejer vínculos saludables basados en el afecto y la empatía. Sin embargo, las emociones y sentimientos o bien se ocultan o bien se les da rienda suelta, sin ningún tipo de miramiento. Raramente están presentes en su justa medida. La asertividad hace referencia a la necesidad de incorporarlos plenamente y aprender a modularlos adecuadamente. Es la capacidad de expresar abiertamente y de un modo oportuno todo aquello que es de vital importancia para conocernos, acercarnos y entendernos mejor unos a otros.

La asertividad es un bombón que podemos ofrecer y que se nos ofrece, un exquisito bombón que podemos degustar en cualquier momento, sin esperar a tener hambre. Apostar por la asertividad y aprender a ser asertivos es como ir a clases de canto. Hay infinidad de bellas melodías aguardándonos. Incluso a lo más conflictivo se le puede poner una música de fondo que lo suavice. Pero para ello es preciso agudizar el oído y afinar bien la voz.

Para algo más que para suavizar lo que resulta desagradable

El hecho de que en un principio la asertividad se orientara, básicamente, a buscar formas oportunas de expresar todo aquello que puede resultar desagradable o ser mal recibido por el otro y es proclive a ocasionar conflictos, ha comportado que algunas personas se hayan hecho una idea equivocada de lo que es y tengan una visión restrictiva de la misma.

Hay quien piensa que la asertividad consiste simplemente en idear maneras más o menos afortunadas y no ofensivas de decir algo de mal gusto o no grato de escuchar. Si fuera realmente así, la asertividad serviría solamente para hacer críticas, para quejarnos de algo o para dar una negativa a alguien.

Ciertamente, a veces la asertividad es un eufemismo que utilizamos para suavizar cosas gordas que pensamos de los otros, y en este tipo de uso hay implícita una trampa, en la que tenemos que procurar no caer. Si siempre que recurrimos a ella lo hacemos con la intención de endulzar algo amargo, quiere decir que nosotros ya hemos hecho nuestro dictamen sobre la situación y nuestro juicio sobre el otro, y lo único que pretendemos es disimularlo o no decirlo de una forma tan clara y directa. Si es así, nuestra tonalidad emocional nos va a traicionar con seguridad en un momento u otro y lo que digamos va a resultar igualmente agresivo, aunque no lo sea abiertamente.

Lazarus, que fue uno de los primeros autores en desarrollar el concepto (ver apéndice), concreta la conducta asertiva en cuatro habilidades sociales, que M. Güell enumera en su libro:

- capacidad de decir que no
- capacidad de pedir favores y hacer peticiones
- capacidad de expresar sentimientos positivos y negativos
- capacidad de iniciar, mantener y cerrar conversaciones

En la tercera capacidad contempla ya un amplio repertorio emocional, que incluye el afecto y la empatía, entre otros, por lo que no es de extrañar que en la actualidad la asertividad se haga extensiva a todas las habilidades sociales, desde la más simple a la más compleja. Se necesita tanto para dar las gracias, pedir disculpas, presentarse uno mismo o formular una pregunta, como para efectuar o aceptar una crítica, dar o aceptar un elogio, negociar, etc.

- La asertividad sirve para bastante más que para suavizar cosas gordas.
- Tiene que ver con el cultivo del afecto, la amabilidad, la amistad, la consideración y el respeto en las relaciones.
- La asertividad significa igualdad. Igualdad en derechos y en deberes. Igualdad en dignidad.
- El otro no es mejor ni peor que yo. Tiene su corazoncito, igual que yo. Está sujeto a presiones, tiene sus propias circunstancias y limitaciones, y a veces se equivoca, igual que yo.
- Y merece ser bien tratado, lo mismo que yo.

Tópicos asertivos
Los peligros de una asertividad mal entendida

Ideas que se tienen sobre la asertividad:

- La asertividad es no ser agresivo ni pasivo
- La asertividad es saber decir no
- La asertividad es sólo una cuestión de conducta
- La asertividad es sólo una habilidad social
- La asertividad es comunicación
- La asertividad me permite expresar mis quejas
- Hay un lenguaje no verbal asertivo
- Si soy asertivo, soy mejor que los demás
- Quien es asertivo puede manipular al otro
- Con unas técnicas y pasos asertivos conseguiré ser asertivo
- Asertividad es impedir que abusen de mí
- Ser asertivo es ser uno mismo

Al leer todos estos tópicos, que no dejan de ser ideas parciales sobre la asertividad, nos viene a la cabeza un libro titulado *Siete ratones ciegos*, de Ed Young. ¿Por qué?

Os lo explicaremos. Los ratones ciegos se encuentran con un «algo muy raro» y deciden ir a explorar ese algo para descifrar qué es. El primer ratón ciego, el rojo, sale a explorar y recorre una parte del algo muy raro y deduce que es un pilar.

Así cada ratón explora una parte del «algo muy raro», pero sólo se quedaban con la parte explorada, hasta que el séptimo ratón, el blanco, recorrió por completo el algo muy raro y exclamó:

📖 El algo muy raro es:
Firme como un pilar
Ancho como un acantilado
Filoso como una lanza,
Fresco como un abanico
Fuerte como una cuerda,
Pero todo junto, el Algo Muy Raro es…
¡Un elefante!
[…]
el cuento acaba con la moraleja ratoneja:
si sólo conoces por partes
dirás siempre tonterías:
pero si puedes ver el todo
hablarás con sabiduría.

Ed Young
Siete ratones ciegos

Algo así sucede con la asertividad. Nuestra mirada hacia ella no puede ser sólo parcial. La asertividad es algo más complejo que simplemente decir que no o expresar quejas. También es más que simplemente una suma de conductas; requiere además un pensamiento y un sentimiento asertivo.

Y no se trata tan sólo de una habilidad social, sino que es una capacidad que debemos ir aprendiendo y mejorando, hasta llegar a convertir en una competencia personal.

La comunicación asertiva está compuesta de muchos lenguajes: verbales y no verbales, pero basados en la sinceridad del propósito, no un enmascaramiento para manipular y dominar al otro. Por otra parte, ser asertivo no significa estar ya «salvado» ni ser un ser superior, sino que requiere también la humildad de ver a los demás como iguales.

Como hemos visto y seguiremos viendo a lo largo de estas páginas, por mucho que haya unas técnicas o unas estrategias para lograr la asertividad, si no tengo respeto por el otro y respeto por mí, poco va a desarrollarse la asertividad.

Del derecho y del revés
Derechos y deberes asertivos

Al consultar bibliografía y webgrafía sobre asertividad es relativamente fácil encontrarnos con enunciados que nos recuerdan la relación entre asertividad y los derechos. Incluso hay autores que hablan de los derechos asertivos. Para estos autores, la asertividad parte de la idea de que todo ser humano tiene ciertos derechos.

Además de unos derechos, para nosotras la asertividad implica también una serie de deberes, si queremos conseguir una comunicación respetuosa, cuidada y fluida. Tómese esta gráfica como un ejercicio de reflexión, no como una taxonomía exhaustiva. Se trata de derechos y deberes que iremos analizando y reflexionando a lo largo del libro.

DERECHOS ⟶	DEBERES
1. Derecho a tener tus propias necesidades y a pedir lo que quieres	1. Deber de escuchar lo que el otro pide o necesita y de aceptar lo que puede dar
2. Derecho a hacerte responsable de tus propios errores y a aprender de ellos	2. Deber de aceptar que el otro se puede equivocar, y dejarle margen para rectificar
3. Derecho a cambiar, a crecer, a transformarse	3. Deber de permitir que el otro cambie y crezca
4. Derecho a decidir	4. Deber de dejar momentos y crear espacios para poder decidir
5. Derecho a decir que no	5. Deber de aceptar que alguien nos diga que no
6. Derecho a afirmarse y a ser uno mismo	6. Deber de respetar al otro como legítimo otro, por muy distinto que sea
7. Derecho a ser tratado con respeto y dignidad	7. Deber de respetar a los demás y considerarlos tan dignos como a nosotros mismos
8. Derecho a pedir información y a ser informado	8. Deber de ofrecer información cuando sea pertinente
9. Derecho a pensar antes de actuar	9. Deber de enlazar y tejer puentes entre la emoción y la razón
10. Derecho a estar solo, aun cuando otras personas deseen nuestra compañía	10. Deber de respetar los momentos y los espacios de los demás
11. Derecho a decidir si uno quiere o no responsabilizarse de los problemas de otros	11. Deber de vivir tu propia vida y dejar que los demás vivan la suya
12. Derecho a expresar emociones y sentimientos	12. Deber de contener las propias emociones y sentimientos, y de saber conectar con las de otros
13. Derecho a comportarse de forma no asertiva	13. Deber de aceptar los momentos no asertivos del otro

DERECHOS ⟶	DEBERES
14. Derecho a quejarse o protestar cuando no nos sentimos respetados	14. Deber de aceptar quejas o protestas si nos estamos equivocando
15. Derecho a no hacer uso de estos derechos	15. Deber de seguir buscando maneras óptimas para convivir mejor, con nuevos derechos y deberes para hacer posible esa convivencia

Cuentan que un nuevo empleado de una empresa acudió el primer día de trabajo al despacho del director general. Éste hizo que se sentara y le comenzó a leer una interminable lista de los derechos que le correspondían como miembro de dicha empresa. Cuando llevaba ya largo rato leyéndole los derechos, el empleado interrumpió un momento al director:

–Perdone –le dijo–, ¿y no tengo ningún deber?

–Tiene usted un solo deber –le respondió el director–. Respetar todos esos derechos en sus compañeros/as.

¿Qué será, será...?
El ser asertivo

A menudo la asertividad se considera una simple conducta, algo que tiene que ver más con un estado temporal que con una cualidad permanente de la persona. Sin embargo, es justo al revés. La asertividad tiene más que ver con el SER asertivo que con el ESTAR asertivo. O, al menos, funciona mejor cuando no es sólo una estrategia que utilizamos a nuestro antojo, sino que creemos en la filosofía que implica SER asertivo.

Como diría Erich Fromm, este SER implica, entre otras cosas:

📖

- Sentir la alegría que causa dar y compartir, y no acumular y explotar. [...]
- Hacer del pleno desarrollo de sí mismo y del prójimo la meta suprema de la vida.

- Saber que para alcanzar esta meta, es necesaria la disciplina y respetar la realidad.

Erich Fromm
¿Tener o ser?

S		E		R
Serendipicidad	Se relaciona	**E**mpatía	Se relaciona	**R**esilencia
Seguridad (firmeza y autoestima)	Se basa	**E**mpeño ejercicio	Se basa	**R**esponsabilidad
Sabiduría del corazón	Implica	**E**scucha	Implica	**R**espeto

---

La asertividad es una herramienta que te ayuda a SER tú mismo, a no tener miedo ni vergüenza de tus propias convicciones, a defenderlas con entusiasmo sin menospreciar ni mostrarte agresivo hacia quienes no las comparten [...] Basada en la autoestima, se apoya en el respeto a las propias convicciones sin pretender imponerlas a los demás. Su práctica aumenta la confianza en ti mismo y la soltura con que la que puedes hacer frente a cualquier situación.

Eric Schuler
La asertividad

La asertividad es tener la humildad y el coraje de SER y al mismo tiempo de DEJAR SER.

Tercera parte

El hechizo de la luna

(lo asertivo y lo no asertivo)

No rechaces los sueños por ser sueños.
Todos los sueños pueden
ser realidad, si el sueño no se acaba.
La realidad es un sueño. Si soñamos
que la piedra es la piedra, eso es la piedra.
[...]
Y vivimos soñándola. Soñar
es el modo que el alma
tiene para que nunca se le escape
lo que se escaparía si dejamos
de soñar que es verdad lo que no existe.
[...]

PEDRO SALINAS
Largo Lamento

Conviene mirar la asertividad como si miráramos a la luna. Permitiendo que su suave luz desvele anhelos del corazón. Dejándonos hechizar por su embrujo. Y soñándola. Porque para hacerla realidad tenemos que soñarla.

Y, como si se tratara de una cometa que lanzamos al aire y que apunta alto, tirar del hilo de nuestro deseo asertivo. Confiar que lo que se cultiva de día sigue creciendo de noche. Y perseverar. Mantener la esperanza las noches sin luna. Porque, opaco o translúcido, creciente o menguante, el sueño sigue estando. Y, aunque a veces palidezca, otras nos regala todo su esplendor.

Apuntar a la asertividad es como apuntar a la luna, no porque sea una quimera, sino porque supone una apuesta por la calidez, la belleza y la sensibilidad hacia lo humano. No en vano, la diferencia entre lo asertivo y lo no asertivo se asemeja a la diferencia entre unas aguas con el reflejo plateado de la luna y unas aguas que, en ausencia de dicho reflejo, se confunden con la noche.

Hay que seguir soñando, porque, como dice el poeta:

La luna no será luna
sin corazones que amen;
sin pensamientos que vuelen
y sin poetas que canten.

MARIANO ESTRADA

Tómate tus momentos de no asertividad

En realidad, no hace falta que te los tomes. Ellos te tomarán a ti.

Nadie puede ser asertivo al cien por cien, en todo momento y en todas las situaciones de su vida. ¿Quién en algún momento no ha hablado de más? ¿Quién en alguna ocasión no ha levantado la voz más de la cuenta o no ha invadido el espacio de otro? ¿Quién alguna vez no ha callado cuando convenía hablar? Ya sea por temor, por dejadez, por inseguridad, por prudencia, por falta de habilidad..., no siempre decimos todo lo que tenemos que decir ni callamos todo lo que tenemos que callar.

Normalmente se distinguen tres estilos: asertivo, pasivo y agresivo. Hay quien habla de un cuarto estilo, el pasivo-agresivo, que tiene, como mínimo, dos lecturas: el de la agresividad encubierta –lobo bajo apariencia de cordero– o el de la pasividad que va acumulando tensiones y cuando llega al límite estalla y acaba derivando en agresividad. También hay quien habla de estilo «no asertivo» en lugar de estilo pasivo, como es el caso de Castanyer. Los básicos son estos tres: asertivo, pasivo y agresivo. La asertividad es un punto medio equidistante entre los otros dos:

Nadie se sitúa permanentemente en el punto justo de equilibrio. Lo normal es que se dé cierta oscilación hacia un extremo o hacia otro, dependiendo tanto de nuestra personalidad como de las distintas situaciones y contextos en que nos vemos inmersos:

De lo que se trata es de no ser agresivo o pasivo en extremo ni sistemáticamente. Incluso la asertividad es desaconsejable por sistema. Hay que ser primordialmente asertivo, pero siempre asertivo no sólo no es posible, sino que a veces no es recomendable. Por ejemplo, puede ser contraproducente cuando sólo sirve para poner *claramente* en evidencia las limitaciones o la incompetencia social de otras personas.

¿Lo digo o me lo callo?

La hora de los postres. Encima de la mesa hay una pequeña jarrita de chocolate foundant calentito por si queremos bañar con él nuestra apetitosa porción de helado de biscuit. Un niño se lleva una cucharada del rico chocolate directamente de la jarrita a su boca varias veces seguidas. Su papá le reprende. Le dice que si quiere chocolate él le pone un poco en una taza, pero que no es higiénico meter en la jarrita la cuchara que se ha llevado a la boca.

Hasta aquí, todo bien. Pero... ¿qué ocurriría si quien se llevara el chocolate de la jarrita a la boca fuera una persona adulta? Pongamos por caso que fuera nuestra querida amiga Filomena. La vida está llena de personas que meten la cuchara dentro del bote del chocolate, del azúcar, de la mermelada o de lo que sea, se la llevan a la boca, la chupan y la rechupan, la vuelven a meter de nuevo y así sucesivamente.

¿Qué hacemos? ¿Se lo decimos o nos callamos? Si con el chocolate ya se nos crea un dilema, imaginémonos con otras cuestiones más personales y delicadas. De entrada, el simple hecho de preguntarnos si decimos o nos callamos algo ya conlleva en sí mismo cierto grado de asertividad.

Habría quien le diría directamente que lo que hace es una guarrada (estilo agresivo), quien optaría por disimular y no decir nada (estilo pasivo), y quien diría algo con el mayor tacto posible (estilo asertivo). Con estas tres maneras distintas de responder se nos perfilan a grandes rasgos los tres estilos más característicos. A grandes rasgos porque ninguno de los tres son conceptos rígidos que puedan establecerse a priori. Dependen, en ultimo término, del impacto que causen en la tal Filomena y de los consiguientes efectos sobre nuestra relación con ella.

Por ejemplo, decir que es una guarrada no siempre resultará agresivo. Depende de quién lo diga, de cómo lo diga y de cómo esté establecida la relación. Si se lo dice una persona espontánea y graciosa, de un modo desenfadado: «Vaya guarrada, Filo, hija...», a una persona poco rebuscada con quien mantiene una estrecha relación de confianza mutua, es muy probable que no se lo tome como algo agresivo y que no se ofenda.

Por otro lado, la opción asertiva es siempre la más considerada, pero no necesariamente la más efectiva:

– Ejem..., será más higiénico si te pongo un poco en una taza, ¿no te parece?

– Qué va, no te molestes, no hace falta, así está más rica –nos podría responder Filo sin darse por aludida.

El estilo pasivo, optar por no decir nada, por no poner en peligro nuestra amistad y la próxima vez que vuelva Filo servir el helado ya con el chocolate puesto o los azucarillos en sobrecitos, también es a veces una opción inteligente, efectiva y respetuosa.

A veces la pasividad puede ser más inteligente y recomendable que la asertividad.

SITUACIÓN A

En un viaje largo en tren, el pasajero del asiento de al lado va con el portátil. Tiene puestos los altavoces y te resultan molestos.

¿Se lo dices o te lo callas?

SITUACIÓN B

Entras en una panadería a comprar el pan. No se puede fumar y detrás de ti entra una persona fumando.

¿Se lo dices o te lo callas?

En la situación A, nos conviene ser asertivos y pedirle a la persona de al lado si sería tan amable de ponerse auriculares o bajar el volumen. En la situación B, podemos optar por no decir nada, puesto que se trata de algo momentáneo y además a quien le correspondería decir algo, en todo caso, es a la persona responsable de la panadería.

El hecho de que la asertividad nos permita decir prácticamente cualquier cosa de una manera respetuosa no significa que tengamos que utilizarla sistemáticamente para corregir cualquier conducta inapropiada que veamos en otra persona, o para poner a la gente en su lugar. Ir por la vida aleccionando a los otros causa un gran desgaste, puede ocasionarnos algún que otro lío o trifulca y, además, a veces no nos compete ni nos corresponde.

Como señala Schuler, con la práctica se aprende a acotar la asertividad para no emplearla inútilmente, y saber limitarla es también una forma de asertividad.

Depende, de qué depende...

Como dice la canción, *de según cómo se mire todo depende...* Ninguna expresión es agresiva, pasiva o asertiva per se. Depende básicamente de sus intenciones y sus efectos. Una conducta a priori asertiva puede ser interpretada como agresiva y viceversa. También, como veremos dentro de un ratito, una conducta pasiva puede ser interpretada como agresiva, o una conducta asertiva como pasiva, etc.

La misma conducta o el mismo mensaje, por parte de una misma persona, puede tener significados y efectos muy distintos dependiendo del contexto y de la persona a la que se dirija.

La asertividad depende de la adecuada combinación de una serie de factores, entre los cuales las emociones y los sentimientos son los que inclinan la balanza. El dardo envenado no está tanto en las palabras como en los sentimientos que las acompañan, que se traducen en el tono de voz, la mirada, los gestos y otros elementos del lenguaje corporal.

Imaginemos que alguien nos dice: «Pero, ¿te has vuelto loca?». Me molestará dependiendo de quién me lo diga, de cómo me lo diga y de en qué situación me lo diga. Si me lo dice alguien por quien me siento respetada y entiendo que se refiere a un comportamiento concreto y que es una forma de decirme que dicho comportamiento entraña algún riesgo, que es atrevido o que está fuera de lugar, seguramente no se resentirá la comunicación ni tendrá mayor trascendencia. Si en cambio me viene de alguien por quien no me siento respetada y/o lo percibo como un desprecio a mi persona, entonces puede que me moleste. Puede... Porque, una vez más, todo depende... En este caso, de la carga emocional que yo misma le añada o le ponga a esas palabras.

Por eso decimos que la asertividad es un arte y no sólo una técnica. No basta con tener la habilidad de ser asertivo, hay que saber distinguir cuándo, dónde, cómo y con quién puedo serlo y estar pendiente de los efectos sobre mí y sobre el otro, que son los que determinan en último término mi grado de competencia asertiva.

Puede que aplique una asertividad impecable, de la que se denomina de manual, y sin embargo sentirme incomprendida, atender solamente a mis propios intereses e importarme muy poco los otros, experimentar dificultades continuas en mis relaciones...

La técnica por sí sola sirve de poco. Hace falta una actitud, un sentimiento, una disposición plenamente asertiva.

No digo nada y ya te enterarás... Significados del silencio

El silencio puede ser asertivo, pasivo o agresivo.

Podemos callar para no dañar, para no herir, para no meter la pata, para darnos un tiempo, para dejar espacio a otro... En todos estos casos se trataría de un silencio con un fondo asertivo.

Podemos callar por no creernos con derecho a hablar, por miedo, por sometimiento ante el otro, por sentirnos inferiores. En estos casos se trataría de un silencio que obedece a una actitud pasiva.

Podemos callar para castigar al otro, para confundirle, para incomodarle, para vengarnos, para manejarlo a nuestro capricho, para tener poder sobre él... En estos casos nos hallaríamos ante un silencio agresivo.

Los significados del silencio a veces son evidentes y otras no. Cuando no lo son, hay que inferirlos y podemos llevarnos a confusión. Explicitar el significado de nuestros silencios es una buena manera de evitar malentendidos, puesto que reducimos el margen de interpretación por parte del otro. Cuando tenemos que interpretar algo libremente porque no se nos ofrecen pistas suficientes, seleccionamos arbitrariamente los datos que son relevantes para nosotros y, una vez nos hemos hecho nuestra «película», ésta tiene una carga emocional tan fuerte que la resistencia a cambiar la interpretación es muy grande.

Veamos dos situaciones completamente diferentes:

SITUACIÓN A

Roberto se está comiendo la sopa sin levantar la vista del plato y sin decir palabra.

Helena le pregunta si le ocurre algo:

–¿A mí? ¡Nada! ¡No me ocurre nada! –le responde con aspavientos y sin levantar la vista del plato.

SITUACIÓN B

Roberto se está comiendo la sopa sin decir palabra. Mira a Helena y le dice:

–No me hagas caso si estoy poco hablador. No es nada contigo. Hoy no he tenido un buen día y no me apetece hablar de ello.

El primero (SITUACIÓN A) es un silencio pasivo-agresivo y además está claro que sí le ocurre algo a Roberto. Aunque diga que no le ocurre nada, su tono y sus gestos demuestran que le ocurre algo. Este tipo de silencio se ciñe a menudo al patrón de comportamiento: «No digo nada y ya te enterarás». Algo me molesta o me duele y, como no soy capaz de expresarlo adecuadamente, me lo callo. En un primer momento mi actitud es pasiva, pero muy fácilmente se torna agresiva. Precisamente porque he tenido que retenerlos, el dolor o el enfado se enquistan y se transforman en resentimiento (resentimiento significa volver a sentir una y otra vez lo mismo, lo no expresado), y lo más probable es que el resentimiento acabe derivando, tarde o temprano, en algún estallido de agresividad. A veces, hacia el primero que me dirige la palabra.

El segundo (SITUACIÓN B) es un silencio asertivo, legítimo y saludable.

Al conocido proverbio: «Cuando hables, procura que tus palabras sean mejores que el silencio», tal vez convendría añadir: «Cuando tu silencio pueda confundir, molestar o dañar a quienes estén a tu lado, habla».

¿Enfadada yo? Usted no me ha visto nunca enfadada

Asertividad es distinto de enfadarse y compatible con enfadarse

Lo asertivo, lo agresivo y lo pasivo se confunden a veces. Lo que es asertivo se ve como agresivo y lo que es pasivo se ve como asertivo. Por ejemplo, hablar claro se considera a veces agresivo y callar asertivo, cuando el silencio acabamos de ver que puede ser tan o más agresivo que determinadas palabras. En ciertos entornos sigue sin estar bien visto que uno exprese lo que quiere, lo que desea, lo que necesita, lo que siente, y cuando una persona es capaz de manifestarlo asertivamente y de velar por sus derechos, hay quien interpreta que está enfadada o alterada.

–Buenas tardes. ¿Hablo con doña María?

–Sí...

–Mi nombre es Darío y llamo para informarle de la nueva promoción de nuestra compañía. Regalamos un MP3 a los nuevos socios y durante el primer semestre la cuota mensual es completamente gratuita...

–Llevo años con la misma compañía y estoy contenta con ella, así que no me interesa.

–Pero la oferta que yo le propongo le saldría mucho más barata.

–Seguramente, pero estoy satisfecha con el servicio y no voy a cambiar. Agradezco de todos modos su llamada.

–Permítame que acabe de explicarle las ventajas de nuestra oferta, doña María...

–Lo siento. Ya le he dicho que no tengo ningún interés en cambiar.

–Tampoco hace falta que se altere...

Éste es un ejemplo de una conducta asertiva que se interpreta como agresiva. María responde asertivamente en todo momento, tiene claro lo que quiere y lo expresa con convicción y respeto, en primera persona y sin atacar a su interlocutor. La conversación podría haber finalizado felizmente en el momento en que ella le dice: «Agradezco de todos modos su llamada» si hubiera añadido, por ejemplo: «Discúlpeme y que tenga un buen día». Insistir una y otra vez cuando ella le está diciendo claramente que no le interesa tiene un punto de agresivo, pero cuando se decanta totalmente hacia la agresividad es cuando se permite decirle que no se altere.

Al hacerlo, no sólo tergiversa las cosas, sino que hace un juicio de valor gratuito sobre sus sentimientos, se sitúa en un plano de superioridad y aumenta las probabilidades de que se altere de verdad. A veces, nos alteramos justamente cuando alguien nos dice con cierto tonillo que no nos alteremos. Esto ocurre con frecuencia en las relaciones. Le decimos a otro que no se enfade, que se tranquilice, que no se altere, cuando los que estamos enfadados o alterados somos nosotros porque no aceptamos que las cosas no salgan como queremos. Por otro lado, el otro tiene derecho a sentirse como quiera, a disgustarse, enojarse, apenarse. Mientras lo haga contenidamente y lo exprese en primera persona sin juzgarnos a nosotros, no tenemos ningún derecho a reprobarle. Los estados emocionales que tenemos que aprender a contener son los propios y no los ajenos.

📖 La propuesta de David no tuvo éxito y no fue aprobada por los miembros del consejo:

–Me sabe mal veros enfadados –se excusó David mientras recogían.

–¿Enfadados nosotros? ¡Tú no me conoces cuando me enfado! –bromeó Julia.

Tenemos que tener cuidado. A veces hacemos proyecciones de nuestras emociones y vemos en los otros lo que en realidad estamos sintiendo nosotros, como es el caso de David.

Entrar al trapo

Enfadarse es una cosa y ejercer la crueldad otra

Una cosa es enfadarse con alguien y otra muy distinta entrar al trapo.

Hay una frontera que tenemos que aprender a distinguir. Una cosa es enojarnos, sentirnos molestos, contrariados, incluso irritados o enervados, y otra muy distinta perder los estribos, atacar al otro, arremeter contra él, minar su autoestima, humillarlo..., en definitiva, ejercer alguna forma de crueldad. A lo primero todos tenemos derecho. A lo segundo no.

Una de las claves está en distinguir lo que pertenece al terreno del sentimiento y lo que se inscribe ya plenamente en el terreno de la acción. En el del sentir todo está permitido, en de la acción no. Dicho con otras palabras, toda emoción es legítima, pero no toda conducta lo es.

Tenemos derecho a expresar lo que sentimos y al mismo tiempo el deber de aprender a expresarlo oportunamente.

📖 Cualquiera puede enfadarse, eso es algo muy sencillo. Pero enfadarse con la persona adecuada, en el grado exacto, en el momento oportuno, con el propósito justo y del modo correcto, eso, ciertamente, no resulta tan sencillo.

Aristóteles
Ética a Nicómano

A veces, cuando nos enfadamos y nos sentimos mal, nos dedicamos a increpar al otro y a menudo lo que nos ha enojado ni siquiera es algo que el otro haya dicho o hecho, sino lo que nosotros hemos interpetrado, el significado que nosotros hemos dado a sus palabras o actos. Por eso es conveniente ser prudentes y saber distinguir que lo que el otro hace o dice es una cosa y lo que nosotros entendemos, interpretamos o sentimos otra. En un nivel elemental, la asertividad consiste en ser capaces de discernir claramente estos aspectos. El simple discernimiento ya ejerce un efecto tranquilizador y contenedor de las emociones, que ahuyenta la agresión y favorece la respuesta asertiva.

Normalmente uno no entra al trapo por maldad o perversión (el cuento del lobo feroz que se come a los cabritillos ha cambiado un poco, como veremos en un próximo apartado), sino por torpeza o incompetencia. La mayoría de personas tenemos ganas de entendernos, pero al primer roce o fricción nos sulfuramos y nos dejamos llevar fácilmente por la rabia. No siempre sabemos poner freno a nuestro enfado y causamos entuertos o estragos difíciles de desenredar y reparar.

La ira nunca se extingue con la ira en este mundo; solamente se apaga con amor. Ésta es una antigua ley eterna.

El Dhammapada,
El camino de la verdad

La ira hay que poder expresarla, pero hay que lograr reconducirla hacia el amor.

Aunque suene paradójico, la asertividad nos resulta útil, entre otras muchas cosas, para aprender a enfadarnos «amorosamente». De ahí que pueda considerarse una auténtica filigrana de artesanía emocional. El verdadero arte de las emociones consiste precisamente en aprender a conjugar y a armonizar sentimientos contradictorios.

Dos personas pueden enfadarse mucho y, sin embargo, su relación permanecer a salvo porque saben que hay una línea, la del ensañamiento y la crueldad, que es mejor no cruzar, y en este sentido la asertividad nos viene muy bien para mantenernos a raya.

La apuesta sincera por la asertividad revierte en nuestra competencia emocional y amplía nuestra madurez personal. Nos lleva a desarrollar estrategias para esquivar el secuestro emocional, a entrenarnos para saber contenernos en lugar de estallar a la mínima, a ser capaces de ver en las actitudes o respuestas desafortunadas del otro (y también en las nuestras) la expresión de las limitaciones que todos tenemos, en lugar de ver por sistema una provocación o una ofensa, a identificar más claramente la fuente de donde surgen nuestras emociones y a ser más libres frente a ellas...

📖 La tarea de nuestras generaciones que reviste mayor importancia para el mundo consiste en utilizar un nuevo nivel de percepción introspectiva y dominio de uno mismo para romper la cadena de violencia personal, familiar y cultural, de mente, palabra y cuerpo. No podemos traer a este mundo la verdadera paz que tanto necesitan las futuras generaciones si no nos liberamos nosotros mismos de la esclavitud a que nos somete nuestra ira heredada y su violencia.

ROBERT A. F. THURMAN
Ira

Thurman se hace eco de una idea muy interesante que en este libro sólo vamos a apuntar: la necesidad de romper la cadena del resentimiento, de la rabia y del dolor acumulado a largo de generaciones, que hemos heredado de nuestros grupos de origen, empezando por la familia y terminando por la nación y la cultura a las que pertenecemos. A veces la rabia y la tendencia a enfadarnos por cualquier cosa son algo heredado. Provienen de situaciones emocionalmente traumáticas de nuestro pasado individual, familiar o colectivo que quedaron sin resolver y que nos siguen influyendo de un modo latente e inconsciente, en buena medida porque la verdadera trama del problema permanece oculta o invisible a nuestros ojos.

Póngame 100 gramos de tolerancia y 200 de dignidad, para la libertad

Juan, me deberías hacer un favor. Ya sabes que para mí eres muy importante, y sé que te pido algo que está fuera de tus horas de trabajo; también te recuerdo que en tu situación laboral no encontrarás otro trabajo igual para ti y tu edad. Bueno, a lo que vamos, me deberías montar el Scalextric de mi familia en nuestro apartamento de la playa, ya sabes que confío en ti. Aquí tienes las llaves. Mañana a las 16.00 estaremos allí con mis hijos y lo quiero montadito con todo tipo de filigranas.

¿Conoces a alguien que haya tenido que acceder a una petición similar de su jefe? ¿Qué opciones tiene Juan? ¿El jefe se está comportando asertivamente?

A estas alturas del libro y de nuestra vida sabemos que tenemos más de una alternativa, y la alternativa se mueve entre nuestro grado de tolerancia y de dignidad. Nosotros podemos ser muy tolerantes, prudentes y amables, pero también debemos atender a nuestra dignidad para saber en qué grado esta situación nos puede afectar personalmente en nuestra autoestima o nuestras ganas de ayudar.

La clave para saber si una situación está perturbando nuestra dignidad es si nosotros nos sentimos LIBRES de realizar esta acción. Si yo libremente escojo ir a montar el Scalextric porque el jefe, aparte de jefe, es mi amigo del alma, o mis hijos juegan con sus hijos; entonces aquí no hay problema. He elegido. Ahora bien, si me siento coaccionado o incluso amenazado porque me pueden echar del trabajo, entonces puedo verme obligado a acceder a unas exigencias que no proceden, a costa de mi libertad y dignidad personal.

Vamos a proponerte un simple ejercicio. Haz una lista de 10-15 situaciones cotidianas que te han causado un dilema sobre cómo actuar o qué decir.
Por ejemplo:

- Un compañero del trabajo te pide que acabes un trabajo o tarea de él
- Una amiga te pide un libro para leer que nunca más te lo devuelve y tu quieres recuperarlo
- Una persona se te cuela en el cine descaradamente
- Alguien te pierde algo muy importante para ti
- Te dan mal el cambio en una compra
- Te venden algo en mal estado

Haz tu propia lista y anota, a continuación, qué hiciste y el grado de satisfacción delante de esa acción. Analiza luego por qué crees que estás satisfecho o qué crees que podrías hacer la siguiente vez que te ocurra para estar satisfecho.

Una de las premisas de la asertividad es la LIBERTAD, la libertad de pensamiento y de acción. Cuando nos sentimos libres, y a la vez dignos, se incrementa nuestra satisfacción.

Jugando con la asertividad
9 combinaciones posibles...

La asertividad no es posible sin el otro. Yo sin ti, no puedo ser asertivo. ¿Pero qué sucedería si yo y los otros tenemos grados diferentes de asertividad? Realmente eso es lo que nos pasa en la vida misma. Gráficamente lo podríamos describir de esta forma.

YO / OTROS	AGRESIVO	ASERTIVO	PASIVO
AGRESIVO	1. - Demasiado jefe para tan poco indio	2. - Ante todo mucha calma	3. - David contra Goliat
ASERTIVO	4. - Todo puede ser de otra manera	5. - Nos entenderemos	6.: - ¡Tú vales!
PASIVO	7. - ¡Ojito que estoy aquí!	8 .- ¡Tú puedes! ¡ánimo!	15. - ¡Dónde tú quieras! No, dónde tú.

En la coordenada superior tenemos los tres estados posibles del yo (asertivo, agresivo y pasivo) y en la coordenada vertical los tres de los demás.

Analicemos cada una de las combinaciones resultantes.

1. Si en una relación nos juntamos dos personas agresivas fácilmente nos vamos a encontrar situaciones donde las dos queramos tener razón; somos como dos gallos de corral queriendo demostrar quién es la MÁS: la más valiente, la que más fuerza tiene, la que más sabe... sin importarle el otro. Es como posicionarse en un pedestal del yo.
2. Si nosotros, tras haber aprendido a comportarnos asertivamente, nos las tenemos que ver con una persona con actitudes agresivas, lo primero que deberemos hacer es una respiración profunda de «ante todo mucha calma» y vamos a ver cómo podemos entrar en conexión y dialogar. Es buscar y retomar la energía del otro para poder comunicarnos con él o ella. Fácilmente su respuesta será enroscarse y mantener su postura, y defenderla a capa y espada. Su comunicación fácilmente partirá de la premisa de que no le podremos convencer. Pero justamente no se trata de convencer, sino de invitar a ver las cosas desde diferentes perspectivas.
3. Cuando mi actitud predominante es pasiva y me encuentro ante personas con actitudes agresivas, la única opción posible aquí parece la de convertirnos en David contra Goliat. Pero tenemos otra: la de trabajar a partir del efecto mariposa, ya que un pequeño cambio puede producir un gran efecto. La persona agresiva delante de una pasiva se siente superior, como saliendo a jugar con el partido ganado. Sin embargo, si somos pasivos podemos desarmar a las personas agresivas creciéndonos a partir del ingenio y esquivando o dejando pasar los ataques.

4. Agresivo/a yo, asertivo el otro. Las cosas pueden ser de otra manera, aunque para ello hace falta un acto de humildad por mi parte. Si soy agresivo, lo más normal es que no me reconozca a sí mismo como tal o que me jacte de serlo y me atreva con todo; incluso puede que identifique a los asertivos y los rete. Reconocer nuestra falta de asertividad nos hará extraordinarios, puesto que nos hará sensibles y permeables a las actitudes asertivas de nuestro alrededor y también nosotros podremos echar mano de la asertividad para mejorar las relaciones y armonizar la convivencia.
5. Cuando dos personas asertivas se encuentran, están convencidas de que se van a entender, aunque no compartan las mismas creencias, o los mismos puntos de vista, porque se van a respetar, y se van a enriquecer con la perspectiva del otro.
6. Si soy una persona pasiva «extraordinaria», lo más normal es que tenga gran interés por aprender y que busque en la persona asertiva maneras de hacer y de comprender cómo relacionarme de una manera más eficiente. En este caso, la persona asertiva puede representar un buen estímulo de cara a favorecer su asertividad.
7. ¡OH, mi yo, mi gran yo! Si yo soy agresivo y el otro pasivo, el festival del yo está servido. No podemos ir por la vida mirándonos el ombligo sin ver a nadie más y manipulando o sometiendo a cualquiera. Hay tanto por ver, aprender, contrastar. Aún estamos a tiempo de dejarnos seducir por los otros y aquí lo extraordinario radica en ceder protagonismo y darle un lugar al otro. El pasivo llama mi atención y me indica que está ahí, y que por ser pasivo no tiene que ser pisado ni atropellado por frases o entonaciones despóticas.

8. Si siendo asertivos nos encontramos a una persona más pasiva, le podemos regalar una caricia de reconocimiento que le impulse a seguir mejorando su autoestima y capacidad para ser asertivo. Y esta persona quizás se fije en nosotros para seguir aprendiendo o avanzando en su asertividad.
9. Cuando la relación es entre personas pasivas, lo más probable es que, el uno por el otro, por no ofender, por no querer molestar, porque no me lo ha pedido, por pudor, por temor o por lo que sea, se pierdan muchas oportunidades de encuentro y comunicación. Alguien debería ser el primero en decidir avanzar juntos. A veces también puede ocurrir que ambos se sientan frustrados y resentidos, y se acaben enojando.

Lobos y corderos, ¡cómo ha cambiado el cuento!

Desde la canción tradicional del «vamos a contar mentiras» a los «cuentos para niños y niñas políticamente correctos» de Jame Finn, hasta las versiones más recientes peliculadas, vemos cómo los cuentos han ido cambiando. Los protagonistas buenos no tienen por qué ser tan buenos y los malos tan malos.

Seguro que si intentamos hacer un poco de memoria, encontraremos alguna persona que conocemos o hemos conocido con una apariencia «feroz», pero detrás de esa primera imagen surge una persona tierna y hasta amable. Y al contrario. Seguro que conocemos también a personas amables y con una apariencia tierna, que delante de ciertas situaciones pueden mostrarse perversas.

Hemos crecido muchas veces etiquetando el mundo entre buenos y malos. Ogros, malvados, piratas, forajidos contra héroes, bellos y bondadosos. Pero, como la vida misma, vamos descubriendo poco a poco todo tipo de matices: los lobos pueden pasar a ser animales en riesgo de extinción, Caperucita puede que no sea tan inocente, ni la bruja tan malvada, y hasta los piratas pueden ser honrados.

Las personas tampoco somos cien por cien agresivas, como lobos feroces que devoran todo lo que tienen por delante. Y los corderos, que tienen una apariencia más frágil y vulnerable, no siempre son pasivos.

Deberíamos observar bien a las personas y evitar prejuicios de categorización: «Uy, esa persona es indomable, es muy agresiva, nunca podrá ser asertiva». Y bajo la sentencia ejecutada nos quedamos tan anchos, como si fuéramos futurólogos que predicen su capacidad para cambiar o mejorar, perpetuando estigmas.

Lo peor es que, cuando escindimos el mundo en dos, establecemos, como señala Kaufmann, una distinción entre «nosotros» –los corderos–, poseedores de la inteligencia, la bondad, la integridad, la humanidad y la verdad, y «ellos» –los lobos–, que encarnan la maldad, la estupidez, la hipocresía, la falsedad, etc. En su último libro *Inteligencia social*, Goleman se hace eco de una serie de investigaciones de Pettigrew, psicólogo social destacado por sus estudios sobre los prejuicios raciales. Dichas investigaciones ponen de relieve que lo más grave no son los estereotipos en sí, sino los sentimientos que los acompañan. Cuando cambian las emociones cambian las conductas, aunque puedan permanecer ciertos prejuicios implícitos sutiles. Y la clave para cambiar las emociones es conectar con uno mismo y acercarnos al otro abriendo ambos los corazones.

📖 El reto esencial al que colectivamente nos enfrentamos en este siglo consiste en ampliar el círculo del «nosotros» y disminuir simultáneamente el del «ellos».

GOLEMAN
Inteligencia social

Corderos con piel de lobo
Dar consejos es poco aconsejable

Parecen lobos con piel de cordero, pero normalmente son corderos con piel de lobo. Y no son solamente los otros. A veces también somos nosotros. Son las típicas personas que le encuentran «peros» a cualquier cosa, que nunca están satisfechas del todo, que maximizan lo negativo y minimizan lo positivo, que son incapaces de felicitarte por algo sin soltarte acto seguido alguna crítica, que regalan consejos sin que nadie se los pida...

Aunque su actitud sea aparentemente agresiva, su objetivo no suele ser dañar al otro, sino reafirmarse ellos. Al aleccionar o rebajar al otro tapan sus propias frustraciones e inseguridades y se crecen un poco. Sus críticas son una especie de apaño o consuelo para su propia autoestima. Raramente son algo personal. El problema es cuando conectan con alguna herida o carencia del otro, con una baja autoestima o un bajo autoconcepto. En estos casos, la probabilidad de vivirlas como una verdadera ofensa o agresión y de ver a esas personas como auténticos lobos o depredadores es mayor.

TRES EN UNO

Elsa es diseñadora gráfica y hoy asiste a una conferencia sobre nutrición y dietética en una entidad cultural de su barrio. Una vez finalizada la charla se acerca a la mesa de la conferenciante y le dice:

–Tu intervención me ha gustado mucho y el powerpoint que nos has pasado está muy bien, pero en cuanto a diseño tiene muchos fallos. Tendrías que cambiar muchas cosas...

–Ya me gustaría poder contar con una experta en diseño que me asesorara –le responde la conferenciante de un modo desenfadado–, pero de momento me lo tengo que hacer yo.

El comportamiento de Elsa no es asertivo por tres razones:

1. Lo que K. Albrecht denomina un cumplido a medias, que no se sabe exactamente si es un halago o un desaire.
2. Dar un consejo que no le han pedido, sin estar expresamente «autorizada» para ello.
3. Decir que algo está mal, sin especificar qué y sin ofrecer ninguna propuesta concreta de mejora (un error menor al lado de los anteriores).

La conferenciante, a pesar de no conocer a Elsa ni haberle pedido la opinión, escucha su observación y responde asertivamente, sin darle pie a ir a más. También podría haberle respondido: «¿Ah sí? ¿Y qué fallos le ves?» o «¿Y tú cómo lo harías?». Sería igualmente asertivo y acertado. Pero ante críticas que no corresponden está bien no prestarles excesiva atención. En este caso, la agresividad se halla en la actitud de Elsa, que se toma la libertad de hacer un comentario innecesario. Aunque su intención fuera buena, e incluso en el caso de que tuviera razón, no podemos ir por la vida aleccionando a todo el mundo que no tiene los mismos conocimientos que nosotros. No sólo porque puede resultar inoportuno y agresivo, sino también porque suele ser ineficaz.

Dar consejos es poco aconsejable. Para que sean bien recibidos y provechosos tienen que ser dados por la persona apropiada en el momento oportuno. Por alguien que tiene credibilidad, autoridad y permiso para darlos y en el momento en que estamos disponibles, preparados y receptivos para tomarlos, o en que acudimos en su búsqueda y lo pedimos abiertamente.

> Evita los numerosos caminos que podrían parecer asertivos pero que, de hecho, no son más que caminos inútiles: ¿por qué vas a tener que decirle a uno de los profesores de alguno de tus hijos que te parece que su asignatura carece de interés, o a un conferenciante que no dice más que banalidades, o a la pareja circunstancial con la que te ha tocado jugar al mus que no ha hecho sino cometer un error detrás de otro?...
>
> Eric Schuler
> *La asertividad*

Cuanto más respetemos a los profesores de nuestros hijos y menos nos inmiscuyamos en sus funciones, mejor para nuestros hijos. En cuanto al conferenciante, tal vez sea a nosotros a quien nos parece que dice banalidades y el resto estén encantados, incluso en el caso de que diga banalidades. Si no es así, tarde o temprano ya se enterará. Y en lo que a la pareja del mus se refiere, no es ninguna tragedia que de vez en cuando nos toque una pareja que no sabe jugar (a lo mejor sabe más que nosotros y ese día no está inspirada).

En relaciones que son temporales o que se dan de manera puntual, optar por no decir nada resulta más cómodo, nos evita un desgaste y en el fondo es asertivo, pues supone que somos capaces de aceptar lo que no nos gusta o no nos parece adecuado, y que renunciamos a querer tenerlo todo bajo control.

A veces, como decía Anthony de Mello, es más fácil calzarse unas zapatillas que alfombrar el mundo.

Adecuando
La clave de la asertividad

Normalmente, por asertividad se entiende decir *las cosas* en el lugar y el momento adecuados y con las palabras adecuadas.

No sólo las palabras, sino también la entonación y el respeto adecuados.

Pero, ¿qué es adecuar? El diccionario nos recuerda que adecuar es proporcionar, acomodar una cosa a otra, y acomodar es ajustar o adaptarse. Si «adecuamos», con el permiso lingüístico debido, ¿seremos más asertivos? Tal vez sí, tal vez no, pero evidentemente sí que habremos dado un paso decisivo para la comunicación base de la asertividad.

Saber escoger el momento y el lugar adecuados es saber escoger lo mejor para mí y a la vez pensar en el otro, adaptarnos y acomodarnos unos a otros. A veces, las escenas más cotidianas fomentan estos espacios «adecuados» para hablar y poner en práctica actitudes asertivas: las máquinas de café, la copistería, las colas del super, las cocinas, los paseos, los trayectos en transporte público, las comidas... Son territorios neutrales, donde unos y otros pueden emplear tiempo en hablar, escucharse e interrelacionarse asertivamente de una manera más informal.

Encontrar las palabras y la entonación adecuadas es un poco más complejo. Hay que saber llegar al otro desde su mirada del mundo y desde su interpretación de la realidad.

> 🕮 Habrá (o debería haber) momentos de reconocimiento y momentos de duda, pero también habrá la interrogación incesante que acompaña al proceso mediante el que personas diversas se esfuerzan por crearse a sí mismas en su libertad.
>
> MAXINE GREENE
> *Liberar la imaginación*

Evidentemente, aquí entra en juego nuestra capacidad empática, a la que nos referiremos posteriormente.

Adecuar significa, con todo lo dicho anteriormente, saber valorar, buscar y decidir qué es lo mejor, lo mejor para poder hacer fluir la comunicación y permitir crear ese espacio de respeto para que todas las voces sean escuchadas y tenidas en cuenta.

El yo-yo

Enrollarse sobre uno mismo o *No me beso porque no me llego*

Hemos visto anteriormente que asertividad significa afirmarse e implica, por tanto, ser capaz de hablar desde el «yo», es decir, de expresar lo que yo pienso, lo que yo siento, lo que yo necesito, lo que yo deseo, lo que yo quiero... Pero hablar desde el «yo» no es lo mismo que hablar todo el tiempo de mí. El derecho a expresarme yo conlleva necesariamente el deber de respetar y permitir la expresión del tú. Mis derechos se traducen en una serie de deberes para garantizar a su vez los derechos del otro.

La asertividad es una danza entre un «yo» y un «tú» que tienen que convergir en un «nosotros» y, de igual forma que en el baile, deben tratar de acoplarse procurando no pisarse y conseguir una sintonía de fondo y una armonía en las formas. El estilo agresivo, en cambio, empieza y termina en el «yo» y olvida el «tú», mientras que el pasivo olvida el «yo» y se centra solamente en el «tú».

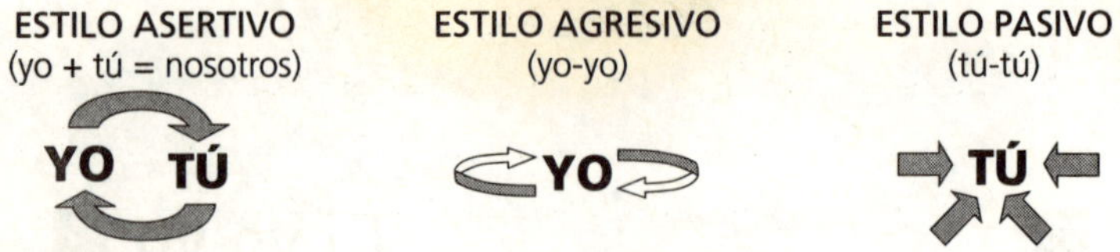

A continuación expondremos algunas peculiaridades de estos tres estilos, atendiendo a su forma de considerar el «yo» y el «tú». Comenzaremos por el estilo agresivo, que hemos demoninado yo-yo, porque del mismo modo que un yoyó, sube y baja enrollándose siempre sobre sí mismo. Seguiremos por el estilo pasivo, en el que el tú focaliza y acapara toda nuestra atención, como si de las faldas vaporosas de un tutú se tratara. Finalizaremos el recorrido con algunas consideraciones esenciales sobre el estilo asertivo.

El estilo agresivo, que como hemos dicho será el primero en el que nos detendremos, puede adoptar formas directas y formas sutiles. Las directas suelen ser más visibles y las sutiles pueden pasar más desapercibidas, pero ambas olvidan, desdeñan o someten al otro. Muchas personas descartan de entrada que su estilo sea el agresivo porque no ejercen una agresividad directa e intencionada hacia los otros. Sin embargo, puede que tengan un ego desmedido que anula o desconsidera igualmente al otro y no se den cuenta.

Si quieres hacerte una idea de la medida de tu ego, te proponemos que te autoobserves durante unos días cuando conversas con otra persona:

- ¿Cuántas veces utilizas el «Yo»? «Yo pienso», «Yo creo», «Yo siento», «Yo sé»...
- ¿Cuántas veces preguntas al otro y utilizas el «tú»?: «¿Tú qué piensas?» «¿Tú qué crees?» «¿Tú qué sientes?» «¿Tú qué quieres?» «¿Tú qué deseas?»...

- ¿Cuántas veces hablas de otros para criticarles?
- ¿Cuántas veces hablas de otros para señalar algo que te gusta o que admiras en ellos, algo que aprendiste de ellos, algo que les agradeces o que debes a ellos?

Otro dato que puede aportarte información interesante y complementaria al respecto es comprobar cuánto tiempo tardas en pronunciar la palabra «tú» cuando inicias una conversación. Esto es lo que medía el «test de las citas» de A. Charney: el tiempo que transcurría antes de que la persona con la que había quedado le formulase una pregunta que contuviese la palabra «tú». Según parece, Charney le confesó a Goleman que, en su primera cita con el que más tarde sería su marido, no le dio tiempo ni a poner en marcha el cronómetro.

Hay personas que no se besan porque no se llegan. Lo invaden todo con su yo y no dejan espacio al otro para que se exprese. Sólo hablan de sí mismas y el otro es como si no existiera. No les importa en absoluto como persona, lo utilizan solamente para poder escucharse y afirmarse a sí mismas: «¿Asertividad significa respetar al otro? ¿A qué otro?».

–Esta tía es muy agresiva. Me tiene rabia porque lo hago mejor que ella y aprovecha cualquier ocasión para criticarme –me decía una persona que se considera asertiva–. Pero yo estoy por encima de esto y no voy a rebajarme poniéndome a su nivel.

¿Te suenan este tipo de actitudes? ¿Te parecen realmente asertivas?

Yo, tan sincero y auténtico, que no me callo nada

Hay otro tipo muy curioso de agresividad, que no sólo suele pasar desapercibido, sino que incluso se valora como una cualidad o como algo positivo: «Soy tan sincero y tan auténtico que te tengo que decir que estás equivocado. Además, no soporto a la gente hipócrita que también piensa que estás equivocado, pero que no te lo dice». Frases como éstas seguro que las hemos oído en nuestra vida. Hay personas que bajo su perspectiva de ser «sinceras y auténticas» dejan ir afirmaciones, valoraciones, interpretaciones de lo más crueles o poco acertadas, bajo el sello de la sinceridad. La asertividad no tiene nada que ver con este tipo de sinceridades.

Se dan la licencia de decir lo que quieren y como quieren sin respetar lo que pueda sentir el otro porque son «*sinceros*»: «Vaya asco de comida que has hecho hoy»; «Esto te ha salido fatal»; «Otra vez igual de mal» y añaden: «Pero no te ofendas, que lo digo por tu bien, para que la próxima vez lo hagas mejor». Sus frases van calando y a ellos les da lo mismo si el otro puede sostener o no sus comentarios y valoraciones. Permanecen al margen y se mantienen inmunes porque son *sinceros.*

Por suerte, existen otras vías de sinceridad. Podemos expresar nuestra opinión, nuestras creencias, nuestras valoraciones, sin tener que ofender a los demás.

> 🕮 Observamos comportamientos. Criticamos personas. Las observaciones ayudan. Las críticas bloquean.
>
> FERRAN RAMON-CORTÉS
> *Conversaciones con Max*

La sinceridad no tiene por qué ser cruel. Ni ser auténtico impide ser asertivo. Al contrario, la asertividad pide ser auténticos, pero no de cualquier manera.

> 🕮 Autenticidad no es hacer cualquier juicio de valor sobre los otros. La inteligencia emocional no tiene nada que ver con este tipo de «autenticidad». No consiste en desatar la expresividad «natural» de cada cual, sino en regularla y adecuarla a las necesidades propias y del entorno.
>
> BACH Y DARDER
> *Des-edúcate*

Asertividad no significa que lo que yo siento es más importante que lo que sienten los otros, ni mucho menos que cada uno podamos decir lo que queramos y los demás que se aguanten. Tenemos que aprender a contenernos, es decir, a expresarnos con medida y oportunidad, sin rebasar los propios límites y los de cada persona y situación.

Con todo, si tus actitudes son más bien pasivas y quieres desarrollar actitudes asertivas, te puede ir bien arrimarte a un «auténtico». Algunos «auténticos» tienen también algo de extraordinario y es que, bien porque se escuchan solamente a sí mismos, bien porque a pesar de su falta de diplomacia son francamente honestos, te dan pie a expresarte abiertamente a ti también y podemos aprovecharlo para ensayar respuestas asertivas, con la ventaja de que si nos equivocamos y metemos la pata no pasa nada. Normalmente están tan pasados de vueltas que siempre la meten más que nosotros.

El tú-tú
El yo olvidado

Muchas personas viven para los demás. Es como un *second life* orientada exclusivamente hacia afuera. Su vida es la de los otros. Viven exclusivamente para ellos y en función de ellos. Siempre están al servicio de agradar, de aportar y de cuidar a quienes les rodean. Cuidan de los pequeños, de las familias, de los mayores, de los que están enfermos. De los compañeros del trabajo, hasta de los vecinos más necesitados.

Se esfuerzan continuamente en complacer a los otros y buscan su aprobación en todo lo que dicen o hacen. Las hay que ni siquiera piensan ni deciden por sí mismas, sino que se amoldan miméticamente a quien tienen delante hasta el punto de llegar a anularse si es preciso. Siempre piensan, padecen y cuentan la vida de los otros. Raramente hablan de sí mismas, de sus verdaderas opiniones, sentimientos y deseos. Hasta que un día se encuentran ante la pregunta: «¿Y tú, como estás?», y entonces ese yo olvidado entra en jaque. A veces demasiado tarde, porque los otros han sido toda su vida y cuando deciden marcharse o simplemente seguir su camino, el yo olvidado se encuentra sin sentido vital: «¿Y ahora qué?». Para no llegar a este extremo, la asertividad nos recuerda que los otros son tan importantes como Yo. Ni más ni menos.

El hacer cosas para los demás es algo admirable a veces, pero si se hace a expensas de uno mismo, simplemente enseñarás a los demás a comportarse de una manera que sólo puede engendrar resentimientos.

WAYNE W. DYER
Tus zonas erróneas

Ciertamente, quien adopta una actitud pasiva y renuncia a expresarse y a mostrarse, se enoja fácilmente con los otros puesto que, muchas veces, lo que busca realmente con su renuncia es un reconocimiento que no siempre le llega y al final puede derivar hacia el resentimiento y la agresividad.

Ocurre, por otra parte, que si yo no me cuido no podré cuidar a los demás. Si yo no me escucho tampoco sabré escuchar a los demás. Si yo no me concedo momentos de crecimiento personal, de intimidad y de mirada interior no podré favorecer que los otros lo hagan consigo.

No puedo ofrecer lo que no tengo. Primero debo conocerme para poder reconocer en el otro un yo como yo. Distinto, pero igual en dignidad.

📖 Para dotar de sentido la vida, no hace falta tener muchas interacciones, ni conocer muchas personas, ni disfrutar de una gran vida social. Lo único que hace falta es profundizar en los vínculos, ir al fondo y darse cuenta de los misterios que esconde el otro y que, solamente, si se exploran con delicadeza, querrá mostrarlos. No es la cantidad de relaciones lo que da sentido a la vida, sino la calidad de vínculos, la exquisitez del trato que somos capaces de dispensar.

FRANCESC TORRALBA
El sentit de la vida (traducción nuestra)

El otro y yo
La bella danza de la asertividad

Como acabamos de ver, el yo-yo no es asertivo y el tú-tú tampoco. El yo-yo es agresivo y el tú-tú es pasivo. Si te centras demasiado en ti mismo te olvidas del otro y si te centras demasiado en el otro te olvidas de ti. La bella danza de la asertividad persigue un equilibrio, dibuja una alternancia de movimientos armónicos y precisos del yo al tú y del tú al yo, que acaban conformando un nosotros cada vez más amplio, diverso, rico en matices y nutritivo.

La asertividad requiere una conexión empática con el otro, una sintonía interna que nos haga sentir reconocidos a ambos como legítimos tú. Cuantas más vivencias personales compartamos, cuanto más nos mostremos y demos a conocer lo que pensamos, lo que sentimos, lo que necesitamos, más completa puede ser la conexión y más intensa la sensación de sentirnos reconocidos. También nos resultará más fácil entender otras perspectivas distintas a la propia y alcanzar un mayor nivel de profundidad en las relaciones.

Necesitamos que se produzca una resonancia emocional mutua, que el ser del otro resuene en mi interior y viceversa, de tal manera que experimentemos una sensación de unidad pese a ser dos seres distintos y a partir de nuestro encuentro emerja un nosotros que nos englobe, nos abrace a ambos y se convierta en un impulso para la acción y el compromiso conjunto.

Tenemos que poder sentir que existe alguien más allá de mí, alguien que siente, que piensa, que sabe, que sufre, que goza..., igual que yo. Alguien que tiene derecho a ser, a sentir, a pensar, a opinar, a desear, a hacer, a gozar... igual que yo. Alguien que es otro yo como yo, aunque no sea idéntico a mí. Alguien ante quien yo me convierto en un tú, y que merece ser tratado con el mismo respeto y dignidad que yo.

Evidentemente, no todos los encuentros de nuestras vidas y de nuestro día a día van a poder darse con esta profundidad ni sería recomendable que así fuera. Cierta distancia emocional también nos viene bien a veces, pero incluso esta distancia prudencial que en ciertas ocasiones nos vemos obligados a mantener, puede seguir siendo una distancia amable, cordial, respetuosa y asertiva.

📖 La asertividad puede definirse como una habilidad social gracias a la cual una persona es capaz de decir: «Yo soy así», «Eso es lo que pienso, creo, opino», «Éstos son mis sentimientos sobre este tema», «Éstos son mis derechos»... Y lo dice todo respetando a los demás y respetándose a sí mismo. La conducta asertiva abarca lo que se dice y cómo se dice, es decir, tanto las formas verbales como las no verbales, mirada, gestos, tono de voz, actitudes, etc. La conducta asertiva implica siempre el respeto a la integridad del otro, y en este sentido es una habilidad relacionada también con la comunicación.

M. Güell
¿Por qué he dicho blanco si quería decir negro?

Cuarta parte
Rosa-rosae
(requisitos del comportamiento asertivo)

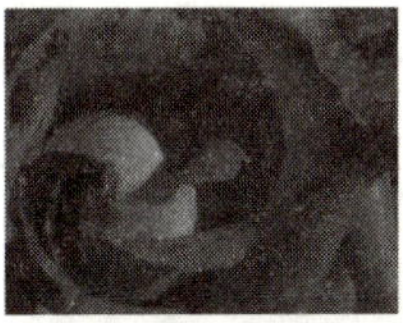

El lenguaje de las flores es uno de los más ricos y exquisitos que podemos utilizar para comunicarnos y expresar lo que sentimos. El paralelismo con la asertividad resulta evidente, y de ahí que para simbolizarla hayamos escogido una flor. Una flor que unas veces se toma y otras se ofrece, y que va (o tendría que ir) siempre de corazón a corazón.

Antes de comenzar a abonar la tierra y de iniciar la siembra, conviene escoger la flor que vamos a cultivar y conocer bien las características del terreno, los nutrientes con los que ya contamos y los que será preciso adquirir, así como las condiciones y requisitos a observar para que florezca esplendorosamente.

La flor que nosotras hemos escogido es la rosa, como ya sabes.

Nos gustan las rosas. Porque las hay de numerosos colores y formas. Porque son de tacto aterciopelado y a la vez tienen espinas. Porque son delicadas y vulnerables, fuertes y embriagadoras. Porque simbolizan desde amor, magia, pasión, belleza o perfección hasta valentía y respeto. Porque continuamente se van creando e inventando rosas nuevas y nos permiten seguir soñando posibilidades...

Así vemos también la asertividad. Como una rosa de exquisita fragancia, no exenta de espinas, sublime y sencilla a la vez, que desprende cordialidad y hermosura, y requiere valentía y respeto. Una rosa que tenemos que aprender a cultivar, aunque a veces también se puede encontrar en estado silvestre.

Cada gesto, cada conducta asertiva, es como una nueva rosa que brota, una primavera continua en nuestras manos.

■ Deseo de asertividad ■

La palabra *deseo* forma parte de nuestro lenguaje desde hace muchos siglos. Descartes lo definió como «la agitación del alma causada por los espíritus que la disponen a las cosas que ella se representa como convenientes». Desear es proyectar futuro.

Ésta es una característica puramente humana, poder proyectarnos hacia el futuro. El deseo es anhelo, ansia, apetencia, tener un objetivo, un norte, una dirección algo que vemos o imaginamos y que nos orienta hacia en esa dirección. Tender puentes de posibilidad.

Desear es esperar que aquello se cumpla, pero con la espera activa que nos mueve hacia aquello deseado.

Esperamos que el deseo de la asertividad en tu caso se cumpla.

DESEO

Deseo decirte las palabras más profundas, pero no me atrevo, pues temo tu burla.

Por ello me río de mí mismo y transformo en bromas mi secreto.

Me burlo de mi dolor, para que no te burles tú.

Deseo decirte las palabras más sinceras, pero no me atrevo, pues temo que no me creas.

Por ello las disfrazo de mentiras y digo lo contrario de lo que pienso.

Me esfuerzo en que mi dolor parezca absurdo para que no te lo parezca a ti.

Deseo decirte las palabras más valiosas, pero no me atrevo, pues temo no ser correspondido.

RABINDRANATH TAGORE

Si tuviéramos que buscar tres deseos para la asertividad empezaríamos por aquí. Nuestros deseos para ti son:

Que confíes en ti mismo

Que te comuniques sintiendo y pensando en ti mismo y en los otros

Que te afirmes afirmando a los otros

New York, New York
Cuanto más precisa la información, menor la confusión y más ajustada la interpretación

Te proponemos un pequeño juego: pensar un final de dos o tres líneas –como máximo–, para esta historia un poco peliculera:

📖 Descendió del taxi en medio de la copiosa lluvia que caía sobre Manhattan. Vestía un elegante traje a juego con los zapatos. No llegó a abrir el paraguas que sostenía con impecable estilo. Se dirigió hacia la floristería donde cada año por su aniversario le compraba flores. Se detuvo unos instantes a contemplar sus preferidas, pero por primera vez en veinte años no las compró. Tampoco entró en la cafetería del Palace, donde solían citarse antes de la cena...

¿Lo tienes ya? ¿Has inventado un final cerrado o abierto? ¿Has imaginado descender del taxi a un hombre o una mujer? ¿Por qué no debió de comprar las flores ni entró en la cafetería del Palace? ¿Porque «ella o él» había muerto, porque habían roto la relación, porque este año le regalaría otra cosa y lo celebrarían de otra manera...?

Hay varios factores que hacen que un mismo mensaje sea interpretado de manera completamente diferente por personas distintas. Señalaremos solamente tres, que pueden extraerse directamente de la historia que hemos contado:

- **La falta de información sobre aspectos relevantes.** El hecho de que ésta sea una historia con varias imprecisiones aumenta las presuposiciones y proyecciones personales. Cuando no se nos ofrece información suficiente que nos aporte pistas para una interpretación ajustada, los significados que elaboramos son mucho más arbitrarios.
- **Los significados propios de cada cultura.** En esta historia, la mayoría de personas interpretan que quien desciende del taxi es un hombre, a pesar de que no hay ninguna referencia clara de género. Cada vez hay más mujeres que regalan flores a hombres, pero el peso cultural de una tradición secular hace que mayoritariamente imaginemos a un hombre, del mismo modo que la cita en la cafetería, unida a los ideales románticos que nos transmiten el cine y la literatura, nos hacen pensar que se trata de una pareja y no de una hija y una madre, por ejemplo.
- **Lo que presuponemos en función de nuestros conocimientos, sentimientos y experiencia vital.** Proyectamos nuestras propias historias de amor y desamor, nuestras penas y alegrías, satisfacciones e insatisfacciones, sobre las

historias que nos cuentan y éstas condicionan sin duda alguna la interpretación que les damos.

Todo esto explica, por ejemplo, que a veces interpretemos como agresivo lo que no lo es o no tiene ninguna intención de serlo. Según cómo nos haya ido en la vida, según esté nuestra autoestima y según el concepto que tengamos de los otros y del mundo, interpretamos las cosas de una manera o de otra, presuponemos en las otras personas intenciones que muchas veces no tienen y entendemos lo que nadie nos ha dicho ni ha querido decirnos.

Nos hacemos auténticas películas y llegamos a crearnos conflictos a partir de una realidad que solamente existe en nuestra mente, y que el otro difícilmente va a tener opción de desmontar, pues normalmente cuando ocurre esto es porque el otro cuenta poco para nosotros. Estamos tan centrados en nosotros mismos que escuchamos selectivamente. Entendemos solamente lo que nos interesa y somos incapaces de ampliar nuestra perspectiva incorporando la perspectiva del otro, asumiendo que su realidad y su punto de vista pueden ser distintos al nuestro y, sin embargo, tan válidos y legítimos como el nuestro.

La historia con que hemos iniciado este apartado, como todas las historias, tiene numerosas interpretaciones y finales posibles. Todas las historias de nuestra vida tienen numerosas interpretaciones y la mayoría de ellas pueden tener diversos finales, y el que escogemos tiene que ver siempre con el equipaje y los lastres con que viajamos. Desde la madurez y la competencia emocional, la libertad de elección es mucho mayor y la capacidad de validar otras interpretaciones y finales distintos también.

Puede que en mi vida haya finales tristes que me duelan y me pesen. Puede que estos finales me lleven a escoger finales tristes. Si lo reconozco tal cual es y lo asumo desde el alma, con profundidad y sencillez a la vez, llegará un momento en que dicho dolor me pesará menos, aunque me siga acompañando, y podré escoger un final más alegre o una interpretación menos dramática.

Corazones abiertos como lirios

Si elaboráramos una lista exhaustiva de todos los posibles ruidos e interferencias que pueden distorsionar la comunicación, concluiríamos que es una auténtica carambola o un verdadero milagro que lo que una persona dice sea entendido e interpretado exactamente igual por otra.

Con todo, lo que decimos es más claro e inequívoco cuando establecemos un marco de referencia previo. Cuando proporcionamos información suficiente que ayude a comprender la comunicación. Cuando mostramos oportunamente nuestros sentimientos y nos preocupamos por los sentimientos que desencadenamos o hacemos aflorar en los otros con lo que decimos. En pocas palabras, cuando abrimos nuestros corazones.

No sólo importa lo que digo. También cuenta desde dónde lo digo, con qué sentimiento o estado de ánimo lo digo y cómo lo recibe y afecta al otro. Lo primero, lo que digo, puede ser más o menos explícito, pero lo segundo, los sentimientos que acompañan a lo que digo y sus efectos sobre el otro, no acostumbran a serlo en absoluto.

Los sentimientos definen y condicionan el tipo de relación que establecemos con las otras personas. Son claves para interpretar correctamente un mensaje, pero suelen ser los grandes olvidados. Creemos que lo que no se nombra es como si no existiera y muchas veces preferimos no indagar por si acaso. No vaya a ser que descubramos que hemos dicho una inconveniencia. Pero los sentimientos están muy presentes todo el tiempo, aunque no los nombremos.

Normalmente comunicamos una idea, una petición, una sugerencia, una intuición..., pero no hablamos de las dudas, dificultades, temores, tensiones, ilusiones y expectativas que se generan en cada uno. Intercambiamos información, pero no nos ocupamos de las repercusiones emocionales de la misma, no abrimos realmente nuestros corazones, por lo que resulta muy difícil que podamos comprendernos realmente.

Cuando decimos que la asertividad va más allá de una técnica, nos referimos a ese abrir los corazones, a esa disposición a reconocer y mostrar los sentimientos de un modo adecuado para comprendernos mejor y sentirnos más a gusto en la interacción con otros.

Cuando dos personas se encuentran, deben ser como lirios de agua que se abren por completo: cada una mostrando su dorado corazón y reflejando el lago, las nubes y los cielos. No consigo entender por qué el encuentro siempre genera lo contrario: corazones cerrados y miedo al sufrimiento.

KHALIL GIBRAN
Cartas de amor del profeta

Hablando se entiende la gente..., a veces

Si dos personas hablan sin legitimarse como personas, sin reconocerse como iguales, sin importarles para nada el otro, por mucho que hablen va a ser difícil que se entiendan. Si en cambio consiguen hablar validándose mutuamente, mirándose con buenos ojos, comunicándose honestamente lo que desean, haciéndose notar que se importan, entonces es más probable que se entiendan.

Si asertividad significa ser capaz de expresarnos respetando nuestros derechos y los del otro, la asertividad requiere necesariamente que el otro nos importe de verdad y que estemos dispuestos a contribuir al bienestar común.

Berta se siente sola, abrumada. Daniel, su esposo, se ha ido a trabajar un semestre a una universidad norteamericana. Ella se ha quedado en Madrid y le echa de menos. Querría que él la llamara, que la acompañara un poco más desde la distancia... Pero cuando lo llama por teléfono, en lugar de expresar sus sentimientos y pedirle lo que necesita, se deshace en reproches hacia él. Transmuta su soledad y su impotencia en ira, y así es imposible entenderse. Daniel «desconecta» y Berta se queda sola con sus monólogos una y otra vez:

– Te he llamado hace una hora pero no estabas. Según mis cálculos son las dos de la madrugada, ¿no?... ¿Qué pasa, que tenéis cursos de noche?... Hombre como me llamaste el primer día y no has vuelto a dar señales de vida....No, no pasa nada especial, sólo quería comprobar que tenía bien el número de teléfono... ¿Ah, una fiesta? Pues para fiesta la que tengo yo montada aquí.

[...]

–Te llamo para que hables seriamente con Javier... Con los exámenes de septiembre encima y no da ni golpe... Claro, como tú no te ocupas. Parece mentira que seas profesor y no controles los estudios de tus hijos... Ahora te lo paso y le dices lo que te parezca porque yo, sola, no puedo más...

[...]

–Por primera vez te has olvidado de mi cumpleaños. ¿En qué piensas?¿Se te ha subido América a la cabeza? ¿Te crees algo por estar ahí unos meses...?

[...]

–¿Dónde has estado todo este fin de semana? ¿Tú crees que te puedes marchar así, sin dejar un teléfono ni una dirección? ¿Y si pasa algo? ¿Y si tengo que decirte algo importante de los niños? Nadie, ni en el despacho de la universidad, ni en tu apartamento ha contestado. No se puede ser más egoísta...

[...]

JOSEFINA ALDECOA
El enigma

En este caso concreto, la relación estaba herida de muerte antes de que Daniel se fuera. Pero, muy a menudo, la incapacidad de expresar asertivamente toda esta maraña de sentimientos complejos y difíciles de sobrellevar va mermando poco a poco el cariño, va minando la confianza y acaba dando al traste con una relación.

Un momento de confianza mutua
La asertividad requiere confianza

Venimos diciendo desde el comienzo que la asertividad debe sustentarse en una serie de sentimientos y valores. Uno de esos sentimientos, de gran importancia para que la asertividad funcione, es la confianza. La asertividad requiere confianza. Hace falta que cada uno confíe en sí mismo y en el otro.

📖 Muchas cosas en la vida dependen de un momento de confianza mutua... *Uno debe confiar en la buena fe y el buen criterio de los demás.*

Warren Christopher
Lo que mueve mi vida

Una macroinvestigación llevada a cabo por M. Kemeny, de la Universidad de California de San Francisco, puso de relieve que sufrimos más cuando creemos que un daño ha sido intencionadamente dirigido contra nosotros que cuando es accidental o procede de una fuente impersonal. Si esto es así, aprender a confiar adquiere gran relevancia. Si pensamos que el otro obra de buena fe y hace lo que puede, aunque meta la pata hasta el fondo, nuestro estrés será menor y nuestra disposición asertiva mayor. También adquiere gran relevancia aprender a disculparnos, pero a esto volveremos posteriormente, por lo que ahora vamos a un ejemplo de confianza.

Aurora hacía tiempo que no sabía nada de Mario. Le había escrito algunos sms y no había obtenido respuesta alguna por su parte. Un poco preocupada, y para descartar cualquier incidencia, se decidió a llamarlo.

Mario estaba «perfectamente». Seguía teniendo el mismo número de móvil y había recibido todos los mensajes de Aurora. No le había contestado porque para él sus sms eran lo mismo que nada. «A los amigos se les llama», le soltó Mario con cierta acritud.

Mario está en su derecho de desear una llamada por parte de Aurora.

Aurora está también en su derecho de escoger la forma de comunicación que ella prefiera para mantenerse en contacto con Mario.

Mario se enoja porque presupone desatención por parte de Aurora. Vive como una agresión lo que no se ajusta a sus deseos y responde agresivamente a lo que él interpreta como una agresión, aunque no lo sea.

Aurora puede sentirse incómoda ante la actitud de Mario. Sobre todo si para ella los sms significan un gesto de cariño verdadero hacia él.

Si en lugar de tomar una actitud pasiva-agresiva y de reproche la llamara él y le dijera que le encanta oírla y que para él una llamada es importante, dejaría abierta la posibilidad de que Aurora otro día lo llame. Pero con una actitud exigente y de reclamo, se arriesga a que Aurora no lo llame ni le escriba.

Mario y Aurora harían bien en hablar de lo que tiene valor para cada uno de ellos. Pero también hay otra cosa que pueden hacer. Si Mario confiara en que Aurora obra de buena fe, si interpretara sus sms como un tiempo y un momento de atención que le dedica, si confiara en ella y respetara su manera particular de vivir su amistad..., no le habría respondido agresivamente. En realidad, no habría problema.

Cualquier relación importante, ya sea en terreno personal o profesional, requiere una dosis mínima de confianza inicial, pero esta confianza tiene que ir creciendo y alimentándose a través del diálogo y a través de hechos y compromisos concretos que la evidencien y la fortalezcan.

Hay enemigos naturales de la confianza, como las exigencias, las presiones, los ultimatums o amenazas, los estallidos o explosiones emocionales, las prisas, la desesperación, la no-implicación...

En cambio, una actitud receptiva, paciente y reposada, la favorece. También favorece la confianza la capacidad de mirar con buenos ojos incluso aquello que nos resulta desagradable. La belleza está en el ojo que mira y la ofensa muchas veces también. Con nuestra mirada podemos embellecer o ensuciar a quien miramos. Podemos minimizar lo positivo y maximizar lo negativo, recalcar lo que nos separa y pasar por alto lo que nos une. Mirar con buenos ojos, contemplar la interpretación más amable y buscar el perfil más favorecedor de cada persona son pequeñas grandes muestras de confianza que, si aprendemos a ofrecernos unos a otros, generan una agradable sensación de respeto y un clima propicio al entendimiento.

■ Adictos al drama ■

Para generar confianza y responder o comportarnos asertivamente es preciso desintoxicarnos de una tremenda adicción: la adicción al drama.

Somos adictos al drama y en parte no es de extrañar. Nuestra historia colectiva no es un festival de confianza, y la que hay, que haberla hayla, por la tendencia a resaltar principalmente lo negativo, apenas se nos muestra, lo cual conforma una especie de círculo vicioso que tenemos que romper.

Como señalábamos anteriormente, uno de nuestros grandes retos actuales es restaurar ciertas heridas generacionales del pasado que nos llevan a dramatizar o a sacar las cosas de quicio por sistema.

¿Cómo ha podido decirme esto?
Me has decepcionado
Tratarme así, ¡a mí!
Pobre de mí, no me merezco esto
¡Esta me la paga!
No se lo voy a perdonar en la vida
Me has ofendido
Con lo que hago yo por ti y tú, en cambio...
¡Te vas a enterar!
Soy tan buena/o, que lo hago por ti No me comprendes
No esperaba algo así de ti
...

Todas las expresiones anteriores se corresponden con alguna de las tres posturas del triángulo de Karpman –salvador, perseguidor y víctima. Son posturas dinámicas (se pasa fácilmente de una a otra) y a la vez dramáticas, y tarde o temprano desembocan en la agresión.

Generalmente, estas tres posturas, que están a años luz de la asertividad y la madurez, son fruto de emociones enquistadas y/o de ideales románticos trasnochados.

Por ejemplo, no entendernos o no caernos bien con alguien no es ningún drama o no tendría que serlo. El hecho de que dos personas se entiendan no las hace mejores, como el hecho de que no se entiendan tampoco las hace peores. Lógicamente, si se entienden se sentirán mejor y, si no se entienden, no está de más que sean pacientes, que piensen que hay logros que requieren su tiempo, y que a la vez se interroguen sobre lo que la otra persona muestra, despierta o pone en evidencia de sí mismos.

A veces lo que no se acepta en otro es el reflejo de alguna carencia, frustración o deseo propio que no queremos reconocer o no somos capaces de identificar. Ante cualquier problema que pueda surgir en nuestras relaciones, tenemos la opción de afrontarlo dramáticamente, con actitudes como las que señalamos anteriormente, o de buscar interpretaciones positivas, constructivas y reparadoras, que sean respetuosas con las personas, mantengan a flote la relación y nos ayuden a transformarnos.

La asertividad, con azúcares naturales

–Tengo un compañero de trabajo que ha hecho un curso de asertividad y ahora va de asertivo, pero de asertivo no tiene nada –nos comentaba una asistente a uno de nuestros cursos–. Yo, la verdad, prefiero a una persona agresiva natural que a una asertiva artificial.

Son los gajes de la asertividad.

Igual que ocurre con la empatía, se sabe que se trata de algo bueno y decir que se es empático o asertivo queda bien, aunque no se tenga la menor idea de lo que significa.

Por otro lado, haber hecho un curso de asertividad no es una garantía de ser asertivo/a. Una persona puede tener muy buenos conocimientos sobre lo que es la asertividad y no saberlos aplicar o hacer un mal uso de los mismos. De igual modo que para convertirnos en expertos cocineros/as no basta con leer un libro de recetas o asistir a un curso de cocina, saber qué es la asertividad tampoco basta para ser asertivos.

La asertividad requiere un aprendizaje y este aprendizaje tiene que conjugar aspectos cognitivos con aspectos emocionales y conductuales. Los tres son igualmente importantes y ninguno de ellos por sí solo es suficiente. Acabamos de decir que los conocimientos no bastan. La implicación emocional tampoco sirve de mucho si no se traduce en acciones concretas y la conducta no tiene consistencia si no se sostiene en una base cognitiva y emocional.

También tiene que contemplar períodos de práctica y entrenamiento. La asertividad conlleva dos dificultades importantes: integrarla plenamente, hacernos nuestra esa flor e impregnarla de nuestra mejor fragancia, y ser capaces de aplicarla en situaciones emocionalmente problemáticas. Si en los momentos tranquilos nos vamos familiarizando con ella y ensayamos posibles respuestas asertivas, poco a poco iremos interiorizando dichas respuestas e iremos siendo cada vez un poco más asertivos.

A veces se aplican los pasos del procedimiento asertivo de una manera mecánica, como una fórmula que nos hemos aprendido de memoria, pero que no hemos conseguido integrar, y la asertividad sin una ética de fondo y sin una implicación emocional real no va a ninguna parte. Sin valores, empatía y afecto verdadero hacia el otro es una auténtica pantomima y resulta patética.

La asertividad en frío es incomible y además se sirve con azúcares naturales. Jamás con edulcorantes artificiales.

País de siempre es posible la asertividad

Al País de Nunca Jamás, nos recuerda Fernando Savater, no se llega trasladándose, sino transformándose.

📖 Voy a enseñarte a volar, niña Wendy. Ven, cierra los ojos, tiende los brazos, respira muy hondo por la nariz, salta hacia el norte, busca tu estrella... ven. [...] Subiremos, Wendy: ¡no hay nada como volar! Y reiremos, reiremos, porque la risa es el combustible de nuestro vuelo, la propulsión que vence la gravedad de lo imposible.

Para volar, hay que dejar de ser graves y reír...

¿Quieres saber adónde iremos? Ya te lo imaginas, pero como te gusta oírlo de nuevo voy a repetírtelo: al País de Nunca Jamás. Para llegar hasta allí no es preciso viajar mucho, aunque la distancia que nos separa de él sea infranqueable para la mayoría.

Para llegar a Nunca Jamás no hay que trasladarse, sino

transformarse y esto es algo que no resuelven las agencias de viajes. ¿O será mejor decir: no transformarse, resistir el vértigo de las transformaciones que nos acerca a la vejez, la respetabilidad responsable y la muerte?

FERNANDO SAVATER
Criaturas del aire

El País de siempre es posible la asertividad también pide de nosotros una transformación. El vuelo hacia la asertividad no requiere los polvos mágicos de Campanilla, sino una clara voluntad de querer llegar a ser asertivo, un trabajo constante y una coherencia interna para ser capaces de expresar todo lo que queremos expresar de un modo natural y sin artificios.

Es atreverse a apreciar todo lo que somos y todo lo que queremos ser, a la vez que confiamos en que al ejercer la asertividad las relaciones con los otros mejorarán.

Tenemos tanto por aprender aún. Y aprender de los niños. El País de Nunca Jamás representa el mundo de los niños que no quieren crecer. No se trata en nuestro caso de no querer crecer; al contrario, el País de siempre es posible la asertividad también está lleno de niños que quieren experimentar, que no les da miedo errar, que juegan a probar y si se equivocan vuelven a empezar.

A ser asertivo se aprende experimentando, intentando, probando. Poco a poco uno va ganando confianza, seguridad y tiende a hacerlo más a menudo y de una manera más natural. Hasta que un día descubre que forma parte de su bagaje personal y que ha crecido aprendiendo a ser asertivo, y ésta es una gran muestra de su madurez.

Yo también te quiero
La auténtica y la falsa empatía

La asertividad requiere empatía (y la empatía capacidad de escucha, como veremos en el próximo apartado). La asertividad es difícil sin una conexión emocional y empática auténtica con el otro.

Una vez finalizada la reunión semanal del departamento de atención al cliente, Guille cuenta a sus compañeros/as que está pasando por una mala racha personal y se siente triste y alicaído.

–Se te nota en las ojeras y en la mala cara que tienes, tío. En los años que nos conocemos, nunca te había visto tan hundido y tan mal –comenta Ramón.

–Gracias, querido. Yo también te quiero –responde Guille con humor.

–Te comprendo –le contesta Jessica.

–Todos pasamos por malas rachas. Así es la vida. Lo que tienes que hacer es distraerte y animarte. Desanimándote no arreglarás nada –sentencia Cristina.

–Sabes dónde estoy si me necesitas para algo –le dice Carlos al levantarse, dándole un ligero toque en el hombro al pasar por su lado.

Queremos ser empáticos y no siempre realmente lo conseguimos.

Ramón mete la pata. Esto no es empatía. Puede que sea terapia breve estratégica, pues lo más probable es que la reacción instantánea de Guillermo sea pensar que tan mal tampoco está y se ponga mejor.

El «Te comprendo» de Jessica refleja una empatía rudimentaria, de andar por casa. Depende de quién lo diga y cómo lo diga puede ser empático, pero si se utiliza como muletilla y suena a respuesta automática, impersonal y fría, puede que el otro piense: «¡Qué me vas a comprender tú a mí!».

La «filosofada» de Cristina, aunque contenga alguna verdad incontestable, es todo menos empática. A veces calladitos estamos más majos.

La actitud de Carlos, si es realmente sincera, puede ser la más empática.

La empatía no es un dictamen sobre cómo percibimos o vemos al otro. Tampoco un juicio de valor ni una descripción detallada sobre sus sentimientos. De este modo podríamos invadir su reducto íntimo y malograr su autoestima, yendo más allá de lo que puede asimilar o aireando cuestiones que tal vez no sea prudente descubrirle nosotros.

Nuestra primera reacción ante las afirmaciones, sentimientos, actitudes o ideas de otra persona suele ser una evaluación inmediata o un juicio: «Está en lo correcto», «Está equivocado», «Es una tontería», «Eso es anormal», «Es incorrecto», «No es razonable». Muy pocas veces nos permitimos comprender exactamente lo que su afirmación significa para él.

CARL. R. ROGERS
El proceso de convertirse en persona

Se dice que la empatía, que etimológicamente significa «sentir dentro», es la capacidad de ponernos en el lugar del otro. Pero esto tal vez sea un poco pretencioso. ¿Cómo vamos a ponernos en el lugar del otro si nuestra historia personal, nuestra identidad, nuestras experiencias, nuestro bagaje, nuestras circunstancias, son distintas? Quizás en un primer nivel sea suficiente con comprender que el otro está en otro lugar, con permitir que esté en ese lugar y no quererle sacar de ahí como sea.

Otro paso más sería ser capaces de colocarnos silenciosa y respetuosamente a su lado y dejar que sea él quien marque el ritmo.

No le empujamos, no nos anticipamos, no le hacemos hablar si prefiere callar ni callar si quiere hablar, no le damos consejos si no nos los pide –normalmente cuando alguien comparte un sentimiento sólo desea que lo escuchen. Si quiere un consejo ya lo pedirá de algún modo. De lo que se trata es de acompasar nuestro latido al suyo, sintonizar su frecuencia y limitarnos a estar presentes y disponibles. De ahí que una buena imagen para entender la empatía sea la de caminar a un mismo compás.

La empatía también se define como el saber ponerse en la piel del otro y esto, al remitirnos a la capacidad de evocar sensaciones parecidas a las suyas, acaso nos parezca un poco más factible, pues la empatía precisa, sin duda alguna, algún tipo de señal o indicador corporal. Con todo, hay dos requisitos que bajo nuestro punto de vista son cruciales para la empatía:

1. La capacidad de aproximarnos al sentir del otro conservando nuestro centro, es decir, sin ser invadidos por sus emociones, pues en tal caso nos confundimos con él y no podemos ser de ayuda.
2. La capacidad de comprender y legitimar esos sentimientos, aunque nosotros tengamos otros.

Ambos aspectos la distinguen de la simpatía. Aunque etimológicamente el significado es muy parecido, en la simpatía legitimo al otro porque siento lo mismo, cuando alguien «me cae simpático» me contagia sus sentimientos, mientras que la empatía percibe, aprecia y legitima las circunstancias del otro, sean cuales sean y por muy distintas que sean de las propias.

Descubriendo a Momo
La importancia de escuchar y perseverar

Si buscamos la figura de la literatura juvenil que mejor domina el arte de escuchar es Momo.

Momo es una niña con una extraordinaria capacidad para escuchar. Todos los demás personajes, excepto los hombres grises (ladrones de tiempo), quieren estar con ella, ya que buscan en ella a esa persona que les escuche, que les sepa ofrecer su tiempo. Uno de los personajes más significativos es Beppo Barrendero. Una de las conversaciones que tienen es sobre el hecho de barrer.

📖 Pensó durante un rato. Entonces siguió hablando:

–Nunca se ha de pensar en toda la calle de una vez, ¿entiendes? Sólo hay que pensar en el paso siguiente, en la siguiente barrida. Nunca nada más que el siguiente.

Volvió a callar y a reflexionar, antes de añadir:

–Entonces es divertido; eso es importante, porque entonces se hace bien la tarea. Y así ha de ser.

> Después de una nueva y larga interrupción, siguió:
> – De repente se da uno cuenta de que, paso a paso, se ha barrido toda la calle. Uno no se da cuenta cómo ha sido, y no se está sin aliento.
> Asintió en silencio y dijo, poniendo punto final:
> –Eso es importante.
>
> MICHAEL ENDE
> *Momo*

Si aplicamos la frase de Momo a la asertividad también nos es válida. No podemos pensar en convertirnos de repente en grandes dominadores de la asertividad, sino ir poco a poco hacia ella.

Podemos empezar probando con la pareja, con algún/a amigo/a, mañana en el trabajo... Quizás el fin de semana tengamos una oportunidad de comportarnos asertivamente en una tienda, en la cola del cine o en el autobús.

No es una cuestión de ser o no ser asertivo, sino de ir aumentando nuestra asertividad paso a paso, barriendo las barreras que nos separan de los demás, dejando las calles de las relaciones bien limpias de ruidos o deterioros.

📖 Se podría pensar que Momo había tenido mucha suerte al haber encontrado gente tan amable, y la propia Momo lo pensaba así. Pero también la gente se dio pronto cuenta de que había tenido mucha suerte. Necesitaban a Momo y se preguntaban cómo habían podido pasar sin ella antes. Y cuanto más tiempo se quedaba con ellos la niña, tanto más imprescindible.

La asertividad se parece mucho a Momo. Cuando la descubres no sabes cómo has podido comunicarte y relacionarte antes sin ella.

Escúchame
Complejo y sencillo a la vez

¡ESCUCHA!

Cuando te pido que me escuches y tú empiezas a aconsejarme, no estás haciendo lo que te he pedido.

Cuando te pido que me escuches y tú empiezas a decirme por qué yo no debería sentirme así, no estás respetando mis sentimientos.

Cuando te pido que me escuches y tú piensas que debes hacer algo para resolver mi problema, estás decepcionando mis esperanzas.

¡Escúchame! Todo lo que te pido es que me escuches, no quiero que me hables ni que te tomes molestias por mí. Escúchame, sólo eso.

[...]

R. O'Donnell
El mosaico de la misericordia

F. Aélion resume lo que es la comunicación con lo que podemos denominar «la regla de los dos *tercios*». No podemos tomarla al pie de la letra, pero nos ofrece algunas claves para llevar a cabo una buena escucha. Dicha regla consiste en:

- Escuchar el doble de lo que hablamos.
- Al hablar, formular el doble de preguntas que de afirmaciones.
- Al afirmar, reformular el doble de veces las palabras del interlocutor que las propias.

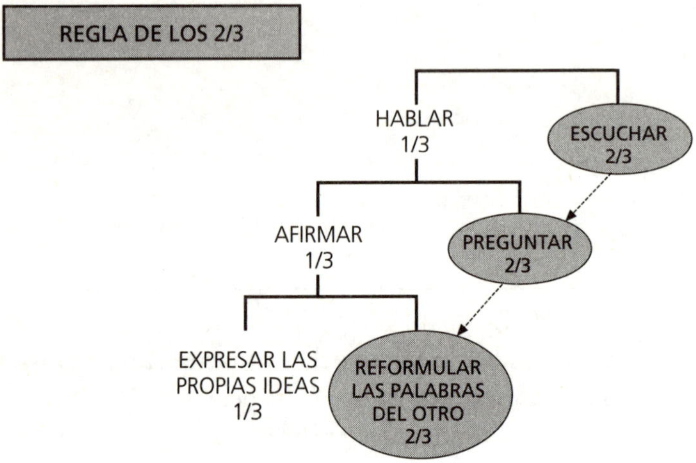

📖 La mayoría de nosotros escuchamos a través de una pantalla de resistencia. De una auténtica escucha nos separan nuestros prejuicios, sean religiosos o espirituales, psicológicos o científicos; nos separan nuestras preocupaciones diarias, nuestros deseos o expectativas, nuestros miedos, etc. Y con esto como pantalla... ¡escuchamos! Por lo cual, lo que realmente escuchamos es... nuestro ruido, nuestro sonido, no lo que realmente se está diciendo...

KRISHNAMURTI
La libertad primera y última

Otra idea de gran importancia es que no tenemos que escuchar solamente con los oídos, sino que hay que saber escuchar con el corazón, con la mirada, con todo el cuerpo.

📖 La persona que tiene más habilidades comunicativas es aquella que sabe escuchar mejor, que escucha con los ojos y con todo el cuerpo. Pongamos en nuestros ojos y en nuestra mirada unas gotas de afecto y de ternura, de actitud positiva y de gusto por la vida, de creatividad, de gratitud, de humanidad.

SEBASTIÀ SERRANO
El regalo de la comunicación

Quinta parte

Un manto de flores

(curiosidades de la asertividad)

«El desierto florido»
Atacama, Chile

El desierto de Atacama, al norte de Chile, está considerado el desierto más árido del mundo. Las precipitaciones no alcanzan los 2 mm al año de promedio. Pero, de vez en cuando, aparece la lluvia e irrumpe la magia.

Si las precipitaciones alcanzan determinado nivel, semillas que han permanecido en estado latente durante años, brotan repentinamente y se manifiestan en todo su esplendor. El desierto queda cubierto por amplios mantos de diversos tipos de flores, conformando un espectáculo único de vida, color y abundancia que se conoce como «el desierto florido».

El desierto más árido y más yermo del mundo se convierte, gracias a la acción de unas fecundas gotas de agua, en el jardín más grande del mundo.

También la asertividad puede dibujar un extenso manto de formas y colores diversos y encender la magia en nuestras vidas, si sabemos entenderla y practicarla como el fino goteo de honestidad y respeto que nuestros corazones tanto ansían. Si la vamos practicando, atendiendo a sus requisitos y particularidades, entre todos lograremos extender un bello manto asertivo.

Aviso para navegantes
Qué no es la asertividad

Cuando nos disponemos a surcar las aguas de la asertividad, unas aguas cristalinas que de tanto en tanto están revueltas, hay que tener muy presente el siguiente aviso para navegantes.

La asertividad nos puede proporcionar, sin duda alguna, unas relaciones más fluidas, más gratas y más reconfortantes. Nos puede facilitar una comunicación afectiva y efectiva, así como evitarnos ciertos conflictos y contribuir a una resolución más positiva de otros.

Pero no nos engañemos. La asertividad no es un repertorio de frases milagrosas de las que echar mano en momentos delicados. No es magia potagia, aunque tenga algo mágico y haga nuestras relaciones más chisposas y burbujeantes. No es la lámpara de Aladino, aunque nos dé la oportunidad de frotar y expresar nuestros deseos. No supone tocar la flauta y que, por arte de encantamiento, salga la boa.

La asertividad no nos garantiza que consigamos todo lo que deseamos. No nos garantiza siquiera que se nos corresponda asertivamente. Tampoco que logremos satisfacer todas nuestras necesidades ni que nuestras relaciones sean idílicas. Por muy asertivos que seamos, vamos a seguir experimentando frustraciones y dificultades, aunque probablemente las vivamos y las afrontemos mejor.

Y lo más importante, la asertividad no es una estratagema para llevar las aguas a nuestro molino y salirnos siempre con la nuestra. No es y no tendría que ser nunca una forma de manipulación encubierta o de agresividad disfrazada. Absténgase, pues, los embaucadores.

Tampoco debería constituir un motivo para posicionarnos en un plano de superioridad respecto al otro: «Yo soy asertiva/o y tú no». La asertividad preconiza el respeto mutuo entre los seres humanos, se sustenta en el equilibrio entre los propios derechos y los derechos de los otros y se desvirtúa por completo cuando dicho equilibrio se vulnera o se rompe.

❀ Si en algún momento te has preguntado dónde carambas está el chollo de ser asertivo, acuérdate de la rosa del desierto.

Como elefantes en una cacharrería

Qué hacer con las personas que no se comportan asertivamente

He aquí una de las preguntas que más nos hacen en los cursos de asertividad:

–Ser asertivo está muy bien cuando te encuentras con personas que también son asertivas. Pero, ¿qué hay que hacer con las personas que no se comportan asertivamente?

Lo primero que hay que hacer, y más ante personas que no destacan precisamente por su asertividad, es procurar que ésta no se nos suba a la cabeza y en lugar de acercarnos a los otros nos aleje más todavía.

En segundo lugar, en cualquier situación de comunicación, conviene prestar buena atención a los distintos detalles que nos ofrecen pistas sobre el clima emocional. Tenemos que observar atentamente y sincronizarnos primero con la persona y la situación, y después dar el primer paso. Se trata, en cierta manera, de poner primero un pie y probar cómo está el agua, antes de tirarnos a la piscina.

No podemos entrar con la asertividad como un elefante en una cacharrería. Imaginemos por un momento que aplicamos a rajatabla cualquier técnica asertiva ante una persona que no ha oído hablar en la vida de asertividad y no sólo está a años luz de comportarse asertivamente, sino que además no está acostumbrada tampoco a que nosotros nos comportemos de este modo. Lo más probable es que piense: «Pero éste/a, ¿de qué va?» (o «de qué curso viene»).

Si en cambio esa persona sabe qué es la asertividad, la situación puede cambiar bastante. Probablemente se dirá: «Ah, está tratando de ser asertiva/o» y, por tanto, de ser considerada/o, y esto por sí solo ya ejerce, como veremos, un efecto contagioso y beneficioso sobre la comunicación.

Lo que no tendríamos que hacer nunca es desistir de ser asertivos porque haya personas que no se comporten asertivamente (recordemos las 9 combinaciones posibles de «Jugando con la asertividad»).

Por un lado, es preciso que de entrada confiemos en las otras personas, en sus buenas intenciones y en que son capaces de aprender a expresarse y a comportarse asertivamente, con sus más y sus menos, exactamente igual que nosotros.

Por otro lado, quienes vayamos entrando en la órbita de la asertividad, podemos contribuir a crear una conciencia y una sensibilización mayores en torno a su necesidad y sus beneficios, como veremos en la polinización asertiva.

¿Ofende quien quiere o quien puede?

Se suele decir que ofender es un verbo reflexivo, es decir, un verbo cuya acción recae sobre el propio sujeto que la ejecuta. Según esto, las otras personas no pueden ofendernos, sino que somos nosotros mismos quienes nos ofendemos cuando, en lugar de rechazar una ofensa, la aceptamos y permitimos que haga mella en nosotros.

Al hilo de los conocimientos sobre el cerebro humano que se tienen en la actualidad, lo correcto quizás sería decir que en un primer momento ofende quien quiere, pero en un segundo momento ofende sólo quien puede. Es decir, que una ofensa puede llegarnos de otra persona, pero para que su efecto sea realmente ofensivo precisa nuestra colaboración. Vamos a explicarlo un poco.

Nuestros cerebros no son órganos aislados del exterior, sino que son permeables a lo que ocurre fuera. Nuestros pensamientos, sentimientos y acciones se sincronizan de un modo espontáneo con los de otras personas. El simple hecho de presenciar en el rostro de otra persona una emoción intensa, desencadena de un modo reflejo en nuestro rostro la misma emoción y la reproduce en nuestro interior. Este fenómeno se denomina contagio emocional y se debe, como veremos también más adelante, a las neuronas espejo.

El contagio emocional nos hace sensibles, pero también vulnerables a las emociones de los otros, por lo que, en un primer momento, cuando una persona pone en sus palabras, su actitud o sus actos cierta dosis de rabia, desprecio o rechazo hacia otra persona, a quien lo escucha o lo recibe automáticamente se le contagian esas emociones. Desde un punto de vista meramente biológico, es difícil evitar un impacto inicial negativo y, por tanto, podemos sentirnos ofendidos por algo que nos llega de fuera.

Sin embargo, como explica Goleman en *Inteligencia social*, la corteza orbitofrontal permite a nuestro cerebro desarrollar estrategias para evaluar, filtrar y modular lo que recibe. Si realizamos un entrenamiento en esa línea, aunque en un principio suframos un contagio indeseado, en una segunda fase podremos optar por no entrar en la espiral de esas emociones, por no recrearnos y abundar en ellas. Lograremos evitar el drama y elaborar interpretaciones distintas si apelamos, por ejemplo, a nuestra autoestima y/o a la confianza y consideración hacia los otros, que no siempre tienen razón, que pueden tener formas de ver las cosas diferentes a las nuestras y que proyectan determinados aspectos de su mundo personal sobre nosotros, del mismo modo que hacemos nosotros con ellos.

La asertividad es precisamente un poderoso recurso para aprender a manejar mejor nuestras emociones, fomentar este hábito reflexivo y favorecer una resonancia emocional positiva con las otras personas.

■ Agresividad al mando ■

Hay personas que cuando adquieren un cargo, una responsabilidad, se transforman. Parece que la palabra cargo directivo lleve unida la condición de agresivo.

Son personas que de compañeros de trabajo podían ser asertivos, abiertos y dialogantes, pero una vez alcanzado un estatus empresarial o un rol directivo se vuelven más agresivos que asertivos. La imposición resulta su única alternativa a cualquier interacción comunicativa.

Detrás de esta tirantez comunicativa y relacional muchas veces se esconde la inseguridad. Inseguridad enmascarada en un halo de poder, de tal manera que bajo la premisa de hacerse respetar por la vía dura se olvidan de respetar a los demás.

Por suerte, también hay personas que adquieren responsabilidades y saben comportarse asertivamente.

Como bien dice A. Jovell, el liderazgo efectivo debe ser afectivo:

> 🕮 El liderazgo afectivo se basa en el manejo inteligente y consciente de las emociones [...] Consiste en entender los principios de la inteligencia emocional y saber aplicarlos en la gestión de las emociones en las organizaciones.
>
> ALBERT J. JOVELL
> *Liderazgo afectivo*

El liderazgo efectivo deber ser afectivo y el liderazgo afectivo debe ser necesariamente asertivo.

Sólo desde el respeto a uno mismo y a los otros se puede empezar a tejer la asertividad y la convivencia humana. Sólo si hay reconocimiento del otro puede haber sintonía emocional.

Cuando sintonizamos con el otro podemos entenderlo, aunque no compartamos sus ideas, como nos recuerda una cita apócrifa de Voltaire:

> 🕮 No estoy de acuerdo con lo que usted dice, pero lucharé hasta la muerte para que tenga el derecho de decirlo.
>
> VOLTAIRE

Ser capaz de dejar oír la voz del otro, aunque sea opuesta a la nuestra, es un símbolo de humildad y de valorar al otro como legítimo otro.

Quien descalifica se autodescalifica

La directora de una sucursal bancaria fue trasladada de localidad. De camino hacia su nuevo destino, le preguntó al conductor del autobús cómo era la gente del pueblo al que se dirigían:

–¿Cómo era la gente del pueblo de dónde usted viene? –le preguntó a su vez el conductor.

–La mayoría muy desagradable, antipática, conflictiva... –contestó la directora.

–Pues los de este pueblo son iguales –le respondió el conductor.

Al cabo de unos años, otro director fue destinado a la misma localidad. El nuevo director tomó el mismo autobús y le hizo la misma pregunta al mismo conductor:

–¿Cómo es la gente del pueblo al que nos dirigimos?

–¿Cómo era la gente del pueblo de dónde usted viene? –le preguntó a su vez el conductor.

–La mayoría muy amable, atenta, agradable... –contestó él.

–Pues los de este pueblo son iguales –le respondió el conductor.

Tenemos tendencia a ver el mundo bajo nuestro propio prisma y la forma cómo hablamos de otras personas dice más de cómo somos nosotros que de cómo son realmente esas personas. Si tenemos tendencia a valorar lo agradable y lo positivo resultamos más confiables que si recalcamos solamente lo negativo. Si, por ejemplo, arremetemos públicamente contra una persona y la insultamos, o hablamos mal de ella a sus espaldas, en cierta medida nos descalificamos también a nosotros mismos. Las personas que por sistema hablan mal de otras no son mucho de fiar. Cuando nosotros no estemos delante, ¿quién nos asegura que no hablen mal de nosotros también? Y, además, es bastante probable que sean ellas las que generan conflictos y no aquellos a quienes critican.

Si las críticas son esporádicas y las realizamos en círculos íntimos y de un modo asertivo, hablando, como veremos más adelante, desde el yo, desde lo que a mí me agrada o me desagrada, y no desde el juicio al otro, entonces es otra cosa. Todos lo hacemos alguna que otra vez y, si no pasamos al juicio despiadado, lo más probable es que resulte intrascendente e inofensivo.

Por otra parte, cuando escuchamos descalificaciones continuas o de determinado calibre contra alguien, tanto si nos sumamos a ellas como si mantenemos una actitud pasiva, estamos contribuyendo a la agresión. Cuando alguien se disponga a contarnos algún chisme de otra persona, tendríamos que aplicar la prueba de los tres filtros, que se atribuye a Sócrates y que, pertenezca o no a su figura, nos parece muy interesante:

Cuentan que un día se le acercó un conocido y le dijo:
–Maestro, ¿sabes lo que escuché acerca de tu amigo?
–Espera un minuto –le contuvo Sócrates–. Antes de decirme nada, quisiera aplicar la prueba de los tres filtros a lo que vas a decirme. El primer filtro es el de la verdad. ¿Estás absolutamente seguro de que lo que vas a decirme es cierto?
–No, realmente sólo escuché que…
–Está bien. Entonces realmente no sabes si es cierto o no. Ahora permíteme aplicar el segundo filtro, el filtro de la bondad. ¿Es algo bueno lo que vas a decirme de mi amigo?
–No, por el contrario…
–Así pues, es algo malo y no estás seguro de que sea cierto... Nos queda aún el tercer filtro, el de la utilidad. ¿Me servirá de algo saber lo que vas a decirme de mi amigo?
–No, la verdad es que no.
–Entonces, si lo que deseas decirme no es cierto, ni bueno ni útil, ¿para qué querría saberlo?

Podemos hacerlo todavía más sencillo. Cuando nos veamos en medio de una conversación donde se pone verde a alguien que apreciamos, podemos decir: «Yo aprecio mucho a esta persona y me sabe mal que se la critique de esta manera. Seguro que tiene fallos y comete errores (como todos), pero le tengo estima y yo no voy a despotricar de ella».

Si se trata de alguien que no apreciamos tanto, pero se está siendo implacable y se está rozando la crueldad, deberíamos ser capaces, al menos, de sugerirlo o insinuarlo: «Tal vez nos estamos pasando un poco...».

Si ante comentarios ofensivos o dañinos nos habituamos a este tipo de respuestas, favoreceremos las críticas asertivas y respetuosas y saldremos ganando todos.

También, cuando escuchamos una crítica contra alguien, no siempre es oportuno ir corriendo a contárselo a ese alguien. A veces lo único que se consigue es indisponer a esa persona contra la otra, envenenar la relación y crear un conflicto de imprevisibles consecuencias entre ambas, por un comentario que tal vez sea puntual e intrascendente, y que puede ser fruto de un simple momento de irritación o de ofuscación que cualquiera podemos tener. Secretos que desvelamos al otro por su propio bien no siempre son por su propio bien. A veces son por el nuestro, responden más a algún interés o intención oculta nuestra que a otra cosa.

Yo tengo razón y punto

¡Y punto! Como si no hubiera más opción. Un punto que cierra, en vez de abrir nuestra manera de pensar o de observar la realidad. ¿Pero de qué realidad hablamos?

Según Watzlawick, hay una realidad de primer orden, física, observable, constatable. La del libro que ahora sostienes en tus manos, por ejemplo, es una realidad de primer orden. Y hay también una realidad de segundo orden, conformada por el sentido, el valor y el significado que damos a la realidad de primer orden. Pues bien, todo lo que tiene que ver con la comunicación y las relaciones humanas pertenece a esta realidad de segundo orden.

Cuando pronunciamos cualquier nombre, cada uno de nosotros tiene su constructo o imagen mental de ese hecho, objeto o sujeto. Imagen a la cual hay que sumarle nuestra interpretación personal con su correspondiente carga o significación emocional. Por ejemplo, si decimos gato, uno se imaginará el gato que tenía su abuela y hará un viaje a su niñez, otro puede pensar en el gato del vecino que siempre por estas fechas por las noches maúlla en busca de la gatita del vecino del quinto. ¡Vaya con la gata y el gato! Y ahí estamos, interpretando siempre.

La comunicación se complica si hablamos de cuestiones en las que nos sentimos más fuertemente implicados, como la familia, la felicidad, la educación, lo que está bien o lo que está mal en una relación, etc. Aquí afloran todos nuestros sentimientos y nos atrevemos a decir: «¡Es que yo tengo razón y punto!». ¿Cómo podemos tener la razón, si básicamente estamos hablando de sentimientos y de emoción? Tan legítimos son sus sentimientos como los míos y tan legítima es su vivencia como la mía. En estas cuestiones hay tantas realidades como personas, pero muchas veces pensamos que la única realidad es la nuestra.

Ciertamente, tiene mérito que nos entendamos teniendo en cuenta que lo que cada uno imagina cuando nos comunicamos es distinto, que cada uno organizamos y valoramos lo conocido, lo vivido y lo hablado a nuestra manera. En realidad, nadie está en posesión del territorio, nadie capta en su totalidad y de una manera «pura» la realidad de primer orden. Cada uno tenemos solamente nuestro propio mapa, nuestra representación particular de dicha realidad. Cuando perdemos de vista esto, nos volvemos rígidos, dogmáticos e inflexibles, pudiendo llegar a negar, a invalidar y a discutir incluso la experiencia o la vivencia de otro, que tiene tanta entidad y validez como la nuestra, por muy distinta que sea a la nuestra.

La más peligrosa manera de engañarse uno mismo es creer que sólo existe una sola realidad; se dan innumerables versiones de la realidad, que pueden ser muy opuestas entre sí, y todas ellas son el resultado de la comunicación y no el reflejo de verdades eternas y objetivas.

PAUL WATZLAWICK
¿Es real la realidad?

La única realidad real, y nunca mejor dicho, son los hechos y objetos concretos. Todo lo demás son interpretaciones de nuestra manera de ver y comprender el mundo. Quizás debamos cambiar el «punto y final» por «puntos suspensivos» para dar la posibilidad al otro de añadir, integrar su voz.

La existencia de estas dos realidades justifica plenamente la asertividad. Puesto que en la comunicación y las relaciones humanas hay tanto de subjetivo, conviene que aprendamos a expresar nuestras opiniones en primera persona, sin desmerecer las de los otros, dejando espacio a las de los otros y siendo permeables a ellas, así como a hacernos cargo de lo que sentimos y a distinguirlo de los juicios categóricos e inflexibles sobre las otras personas y los hechos, como veremos un poco más adelante.

No todas las personas que creen tener razón y punto van por la vida diciendo «Yo tengo razón y punto»:

- Algunas dicen que no con la cabeza mientras te escuchan
- Otras directamente no te escuchan
- A otras se les sube la bilirrubina y...
- Otras se cruzan de brazos y lo que puedas decir les rebota

- Algunas hacen toda clase de aspavientos y muecas sarcásticas
- Algunas no te dejan hablar, no te dejan terminar de explicarte o te interrumpen constantemente, pues lo suyo siempre es más importante y su opinión es la que vale.
- Otras te sonríen y te dicen que «sí», o ponen cara de campo de tenis, y cuando te das la vuelta, entonces dicen: «Éste/a no sabe lo que habla»
- ...

No estamos de acuerdo en nada, pero hacemos un buen equipo

Disentir es algo natural y necesario, y hay maneras asertivas de disentir.

Respetar al otro no significa tener que compartir sus ideas, como hemos visto.

La riqueza de las relaciones personales e institucionales se encuentra en poder compartir, contrastar miradas y puntos de vista, sumar en vez de restar o dividir.

Aceptar que las opiniones de los demás son tan legítimas como las nuestras es el origen de un buen entendimiento y la base para poder crecer personal y profesionalmente.

Nosotras siempre lo explicamos con el ejemplo del 6 y el 9.

Uno puede situarse debajo de un seis y evidentemente no tener duda que es un seis, pero otra persona puede situarse en la parte superior del número y desde su perspectiva tampoco hay duda de que está observando un 9.

Muchas conversaciones y relaciones podrían enriquecerse si se compartiesen los puntos de vista y se invitara al otro a acercarse ahora a la parte inferior y observar el 6, y luego los dos ir a la parte superior a observar el 9.

A veces nos negamos a movernos del lugar en que estamos y nos obstinamos en llevar al otro a nuestro terreno. Malgastamos mucha energía confrontando su postura y queriéndolo convencer de la nuestra, lo cual acostumbra a resultar inútil, pues, como señala F. Ramon-Cortés, querer convencer no convence. Simplemente con movernos un poco hacia la posición del otro veríamos que lo que creíamos un 9, desde allí se ve un 6 o viceversa. Por otra parte, no siempre hace falta optar por el 6 o por el 9. Podemos cooperar manteniendo ambas perspectivas, conscientes cada uno de que desde el otro lado se ve diferente.

Creemos que para trabajar juntos tenemos que entendernos a la perfección y/o querernos mucho, y no es así. No hace falta ser amigos, ver las cosas igual, estar de acuerdo y nos atreveríamos a decir que ni siquiera caernos bien, aunque si nos caemos bien mucho mejor. Para trabajar juntos basta con respetarnos mutuamente como personas diferentes que somos, sentirnos todos iguales de maravillosos y de imperfectos, y validarnos como interlocutores, que significa valorarnos, escucharnos, considerarnos y, si hace falta, saber disculparnos.

Para trabajar juntos es suficiente con centrarnos en lo que nos une, en lo que tenemos en común, en lo que nos gusta a unos de otros, ya que si sabemos «apreciar» o mirar con buenos ojos siempre encontramos algo.

Discrepar profundamente no es ningún drama. Y no gustarnos tampoco. Es más, poder discrepar asertivamente y ser capaces de escuchar lo que no nos gusta oír sin descomponernos y sin que tenga consecuencias graves es muy necesario y es un síntoma de madurez.

Cuantos más puntos de vista haya en una institución o en una relación, más rica en matices será nuestra mirada, nuestra opinión. Siempre deberíamos sumar en vez de restar o dividir. Estar dispuestos a contrastar lo que creemos como cierto es un signo de flexibilidad y de capacidad de aprendizaje constante.

Sumar en lugar de restar
Cómo expresar asertivamente los desacuerdos

Tener puntos de vista idénticos o similares resulta cómodo y agradable. De hecho, tenemos tendencia a juntarnos con personas con perspectivas y puntos de vista similares a los nuestros y esto es ,lícito y es bueno. Tener puntos de vista divergentes también es lícito, es bueno y además es necesario. Para que nos quede claro que el mundo es más ancho que nuestra cintura y para no caer en la estrechez, la rigidez y la inmovilidad. P. Watzlawick, gran maestro y prestigioso estudioso de la comunicación, llamó a estos dos tipos de relaciones simétricas y complementarias, respectivamente.

La interacción simétrica se caracteriza por la igualdad y por la diferencia mínima, mientras que la interacción complementaria está basada en un máximo de diferencia.

P. Watzlawick
Teoría de la comunicación humana

–No hemos entendido bien, sin embargo, lo que representan realmente una y otra:

- Por interacción simétrica entendemos:
  –Yo digo A
  –El otro dice A
  (aunque el otro nunca dice una A idéntica a la nuestra, puede que diga «a», «*A*», etc.)
- Por interacción complementaria entendemos:
  –Yo digo A
  –El otro dice no A
  cuando la verdadera complementariedad sería:
  –Yo digo A
  –El otro dice B, C, D...
  y así B, C o D no tienen porque excluir a A, sino que pueden sumarse:

A y B = A+B

  De esta forma, poco a poco mi «A» se irá matizando o ampliando con algo de «B» y la «B» del otro con algo de «A», y tendremos una suma en lugar de una resta.
  Lo que conviene evitar es que A y B sea igual a cero, es decir, que por el afán de cada uno de querer tener razón, sean nulas la comunicación, la asertividad y la eficacia.

Para que las opiniones divergentes resulten realmente complementarias y sumen en lugar de restar, es importante aprender a expresarlas asertivamente.

❀ Algunas formas de expresar asertivamente una opinión divergente:

- Yo tengo una opinión diferente... / Mi opinión es que...
- Yo lo veo de esta manera... / Yo lo veo de otra manera...
- Yo en cambio pienso que...

- Nunca lo había mirado así... / Yo lo tenía entendido de otra forma...
- Mi forma de verlo es... / Bajo mi punto de vista... / Desde mi perspectiva yo lo veo así...
- Yo añadiría que... / Además de esto, yo diría que...
- Esto que ha dicho es cierto y esto otro... también
- Etc.

¿Para qué utilizar «Esto no es cierto», «Estás equivocado», «Tú no sabes lo que dices», etc.? Si le explicas cómo es para ti, cómo lo ves desde tu propia perspectiva, el otro abre sus canales de comunicación. Si le dices que está equivocado o le descalificas, los cierra.

No es nada recomendable tampoco: «Estoy de acuerdo contigo, PERO...» El pero siempre invalida una parte de la opinión del otro, cuando no toda entera. El «pero» en estos casos casi siempre resta, excluye, rechaza, mientras que la «y» suma, une, añade.

Respecto al «**pero**», hay dos recomendaciones importantes a tener en cuenta:

1. La parte negativa de la proposición adversativa es preferible ponerla al comienzo y la positiva al final. Ejemplo: «No voy a poder ir a tu fiesta, pero te agradezco que me hayas invitado» deja mejor sabor de boca que: «Te agradezco que me hayas invitado, pero no voy a poder ir a tu fiesta».
2. Siempre que se pueda, sustituir la adversativa por la copulativa, el «pero» por «y». Ejemplo: «No voy a poder acompañarte **y** me habría gustado» suena mejor aún que: «No voy a poder acompañarte, **pero** me habría gustado».

Sexta parte

Polvo de estrellas

(cómo contagiar asertividad)

Un mensaje en una botella nos ha desvelado a quién se dirige la asertividad. La rosa del desierto nos ha sugerido qué es la asertividad y para qué sirve. A la luz de la luna hemos visto también las diferencias entre lo asertivo y lo no asertivo. La textura y la fragancia de la rosa nos ha revelado unos cuantos requisitos del comportamiento asertivo y un breve, pero fascinante recorrido por el desierto de Atacama nos ha desvelado ciertas curiosidades sobre la asertividad.

Es el momento de apuntar a las estrellas y convertirnos en espejos de asertividad.

Como si de la teoría del big-bang se tratara, nos corresponde ahora hacer explosionar esta superestrella denominada asertividad y conseguir que sus restos se esparzan por todo el universo, creando magia, transparencia y calidez a su paso.

Polinización asertiva
Convertirnos en espejos de asertividad

El hecho de que haya personas que no se comporten asertivamente no tiene que ser motivo para que pasemos de largo de la asertividad.

Del mismo modo que ocurre en la polinización de las plantas, cualquier pequeña semilla de asertividad es trasladada por el viento y se convierte en semilla de nuevas flores. Y esto no es solamente una metáfora. Tiene además un fundamento científico.

En su nuevo libro *Inteligencia social,* Daniel Goleman, autor del bestseller mundial *Inteligencia emocional,* recoge los más recientes y significativos hallazgos sobre los mecanismos cerebrales que desencadenan nuestra conducta social y regulan las relaciones humanas. En él nos habla de las neuronas espejo:

> La función de las neuronas espejo consiste en reproducir las acciones y sentimientos que observamos en los demás y en imitar –o tener el impulso de imitar– sus acciones...
>
> Daniel Goleman
> *Inteligencia social*

Estas neuronas son las responsables del fenómeno del contagio emocional. Su activación garantiza que otra persona pueda experimentar al instante la misma emoción que percibe en nuestro rostro o en nuestra actitud corporal.

NEURONAS ESPEJO

Gracias a estas neuronas, la observación de una conducta asertiva desencadena un efecto mimético y edificante para quien la contempla. Por supuesto, luego requiere un aprendizaje y un entrenamiento, pero de entrada presenciar actitudes asertivas moviliza el impulso de comportarnos asertivamente.

Más aun, según expone Goleman, la investigación psicológica demuestra que leer un relato sobre la bondad, o en el caso que nos ocupa sobre la asertividad, provoca idéntico impacto emocional que la observación del mismo acto.

Por tanto, podemos concluir que:

- La asertividad es contagiosa.
- Observar actitudes asertivas nos mueve a practicarlas.
- Leer relatos asertivos favorece la asertividad.
- Del mismo modo que cuando sonreímos el mundo entero sonríe con nosotros, cuando somos asertivos, el mundo entero se asertiviza con nosotros.

El «tú» mata

El «Mensaje Yo» como abridor y facilitador de la comunicación

---

Rémy Filliozat acababa de escribir en el encerado, en letras mayúsculas:

EL MENSAJE «TÚ» ¡MATA!

Éramos casi una cincuentena de personas que se miraban las unas a las otras sin entender nada. ¿Qué quería decir con aquella frase?

Rémy nos lo explicó:

–Cada vez que apuntan con el dedo a alguien para decirle: «Deberías hacer esto», «Deberías hacer aquello», «Tú no estás bien», «¿Cómo te atreves?», están matando la comunicación con él.

RIKA ZARAÏ

Las emociones que curan

F. Salmurri, autor de *Libertad emocional*, entiende la asertividad como la habilidad de comunicarnos de tal manera que favorezcamos la receptividad de los demás. Normalmente, cuando utilizamos mensajes «yo» favorecemos la receptividad de nuestros interlocutores y cuando utilizamos mensajes «tú» la obstaculizamos.

Cuando se trata de comunicar algo positivo o agradable para el interlocutor no acostumbra a haber dificultades. En estos casos es incluso recomendable utilizar el «tú»: «Qué bien te ha quedado», «Tú has conseguido que sea un éxito», etc. En cambio, cuando el contenido de un mensaje es negativo o puede ser desagradable para nuestro interlocutor/a, aconseja poner el «yo» por delante: «Yo también me he equivocado», «Yo también me equivoco a menudo», «Yo podría haberlo hecho mejor»... En estos casos, si utilizamos el «tú» podemos bloquear fácilmente la comunicación.

Para Salmurri, el «MENSAJE YO» es un gran abridor y facilitador de la comunicación, mientras que el «MENSAJE TÚ» es un gran cerrador, obstaculizador y dificultador. Podemos representarlo de la siguiente manera:

Cuando digo: «Quizás no me he explicado bien», estoy hablando desde el yo y estoy asumiendo la parte de responsabilidad que pueda corresponderme. En cambio, cuando digo: «Tú no me entiendes», pongo toda la responsabilidad en el otro y me desentiendo de la mía. Curiosamente, cuando decimos: «Quizás (yo) no me he explicado bien» es bastante probable que el otro responda: «Quizás yo no te he entendido».

Parece sencillo y no lo es tanto. Hablar desde el yo requiere en primer lugar reconocer las propias emociones; en segundo lugar, hacernos cargo de ellas y, en tercer lugar, aprender a contenerlas, y lo más habitual es que no las identifiquemos claramente, que echemos la culpa de ellas a los otros y que nos dejemos llevar por ellas y las convirtamos en ataques o en juicios totalmente subjetivos y desafortunados.

«Tú me haces sentir mal» o «Tú me haces enfadar» es agresivo y «Yo me siento mal» o «Yo me enfado» es asertivo.

Expresarnos en primera persona es, a su vez, un derecho y supone reconocer lo que pienso, lo que siento, lo que deseo, lo que necesito, lo que hago... y hacerme responsable de ello. A menudo en lugar de admitirlo nos escondemos tras el plural o tras fórmulas impersonales y decimos: «A veces se cometen errores», «Las personas cometen errores» o «Uno comete errores», en lugar de asumir abiertamente que «Yo me he equivocado» o «Yo he cometido un error».

Que a mí me caiga antipática no significa que lo sea

Distinguir lo que yo siento del juicio hacia el otro

Hay autores que resumen lo que es la asertividad diciendo que consiste en hablar desde el «yo», que, como hemos visto anteriormente, no es lo mismo que hablar todo el tiempo de mí.

Cuando decimos: «Esta persona no me cae simpática», estamos hablando desde lo que yo siento, percibo o experimento. A esto se le denomina «sentimiento del yo». En cambio, cuando decimos: «Esta persona es antipática», estamos emitiendo un juicio sobre ella. Esto se denomina «juicio del tú».

Una vez más, conviene que hagamos hincapié en la necesidad de distinguir lo que sería la mera aplicación mecánica de las técnicas asertivas, que a base de entrenamiento puede llegar a resultar bastante sencilla y automática, de los sentimientos y actitudes plenamente asertivos, que son los que confieren auténtica calidad y calidez a las relaciones,

Juicio del «tú»	Sentimiento del «yo»
Esta persona es antipática	Esta persona no me cae simpática
cuando hablo emitiendo juicios sobre otros	**cuando hablo desde lo que yo siento o percibo**
Confundo mis sentimientos con la realidad y los convierto en juicios hacia los otros → Si a mí me cae antipática, es antipática.	Distingo mis propios sentimientos de las cualidades de las personas y las cosas → Una cosa es que a mí me resulte antipática, otra es que lo sea.
No me hago cargo de mis sentimientos y me sitúo al margen de lo que capto o percibo → En ningún momento me planteo que pueda ser una proyección o una interpretación mía.	Me hago cargo de mis sentimientos. Asumo lo que siento y lo expreso en primera persona, sin escudarme tras un juicio → Reconozco que es «a mí», que no me cae simpática.
Me creo en posesión de la verdad → Es antipática porque lo digo yo y punto.	Reconozco mi subjetividad. No me creo en posesión de la verdad → Que a mí no me resulte simpática no significa que sea antipática. Admitimos que esa persona puede caer simpática a otros.
No estoy siendo respetuosa con los otros → Emito juicios subjetivos sobre ellos.	Estoy siendo respetuosa con los otros → Estoy hablando de mí, de lo que yo siento y percibo, en lugar de juzgar cómo es esa persona.

OTROS EJEMPLOS

Juicio del «tú» →	Sentimiento del «yo»
Este chico es insoportable.	No congenio nada bien con este chico.
¿Cómo puedes escuchar esta porquería de música?	Este tipo de música no me va.
Las espinacas son asquerosas.	No me gustan las espinacas.

haciendo que el otro se sienta realmente respetado y tenido en cuenta.

No podemos pensar que el simple hecho de hablar desde el sentimiento del «yo» ya garantiza la asertividad, porque no es así. Imaginemos, por ejemplo, que alguien nos dice: «Uy, yo esto lo haría de otra manera», «Yo no lo haría nunca así» (como lo has hecho tú), o «¡A mí ni se me pasa por la cabeza hacerlo así!». Aunque lo esté diciendo con un mensaje «yo», según el tonillo con que lo diga, está claro que está descalificando lo que hemos hecho nosotros y que hay implícito un «juicio del tú».

A. Albrecht utiliza la expresión «**lenguaje sucio**» para lo referido a los juicios sobre el otro o sobre lo que dice y hace, y la expresión «**lenguaje limpio**» para referirse a lo que yo siento o percibo. Veamos los tres ejemplos que pone:

Lenguaje sucio ⟶	**Lenguaje limpio**
Qué idea tan tonta.	Discrepo de tu idea.
Te equivocas de medio a medio; no sabes lo que hablas.	Tengo un punto de vista totalmente distinto.
Macho, qué cuadro más feo.	No me gusta mucho ese cuadro.

Decíamos anteriormente que no es posible, ni hace falta, ser hiperasertivo en todo momento. ¡Por supuesto que a veces podemos decir: «Vaya cuadro más feo»! Pero siendo conscientes de que lo que en realidad ocurre es que a nosotros no nos gusta nada, y siempre y cuando lo digamos dentro de un círculo íntimo o reducido, sin que suponga un desprecio hacia la persona del autor/a ni una descalificación global de la pintura o el arte, en el caso que nos ocupa.

📖 El lenguaje «sucio» es agresivo, dogmático o restrictivo y contamina o enturbia la comunicación. Abarca las variedades de frases y elecciones de palabras susceptibles de intimidar, ofender, enfurecer, enajenar o confundir a los demás. El lenguaje «limpio», en cambio, utiliza patrones verbales más neutrales y elecciones de palabras que invitan a la empatía, la apertura de miras y el libre intercambio de ideas... El hablante habla por sí mismo, sin presuponer que lo que dice es cierto para todo el mundo.

KARL ALBRECHT
Inteligencia social

¡Para quitarse el sombrero! *El arte de pedir disculpas*

- ¿Eres capaz de decir: «Perdone», cuando en el supermercado atropellas sin querer a alguien con el carro o de decir: «Lo siento», cuando en un restaurante vuelcas la copa y se te derrama la bebida?
- ¿Eres capaz de decir: «Discúlpame, acabo de ser desconsiderada contigo», «Lo siento, no debí hablar mal de esta persona», «Siento mucho haberme precipitado», «Disculpadme, cometí una imprudencia», «Acabo de decir una barbaridad, lo siento», «Discúlpame, he sido injusta», «Perdona, estoy hablando todo el rato yo»...

Lo primero suele ser más fácil que lo segundo ¿verdad? Si conoces a alguien capaz de disculparse de esta forma, puedes quitarte el sombrero ante esa persona. Y si tú eres capaz de disculparte así, ¡nos lo quitamos ante ti!

Es relativamente fácil, aunque no lo haga todo el mundo, pedir disculpas cuando damos un pisotón a alguien o se nos rompe algo sin querer, pero es bastante más difícil y bastante menos habitual ser capaz de pedir disculpas por alguna insensatez que hayamos cometido, una tontería que hayamos dicho o un agravio que hayamos causado en otra persona, aunque sea involuntariamente. Disculparnos cuesta más cuando la disculpa conlleva cierta carga emocional.

📖 La raíz del problema es cómo reaccionamos y nos comportamos ante nuestros propios fallos y errores, porque de la misma forma lo haremos ante los errores y ofensas ajenos. Lamentablemente, no hemos aprendido a situarnos serenamente ante nuestras incoherencias.

J. Soler y M. M. Conagla
Sin ánimo de ofender

Socialmente no se nos ayuda mucho a ello. A veces, cuando alguien se disculpa honestamente por algo, en lugar de verlo como un acto de humildad digno de admirar y de agradecer, se le humilla y se sacan a relucir todavía más sus fallos. Esto explica las reticencias que a veces tenemos de disculparnos abiertamente. Preferimos no decir nada –con un poco de suerte igual no se entera nadie que hemos metido la pata–, que servir nosotros mismos las críticas en bandeja a nuestros posibles detractores.

Por si quieres aprender el arte de la disculpa, las disculpas de quitarse el sombrero:

- se producen por iniciativa propia y se formulan en primera persona

- son breves, escuetas y directas. Se ciñen al hecho concreto y no entran en justificaciones.
- son honestas y sentidas. Se piden desde el corazón.
- nos igualan y nos acercan a los otros. No se utilizan para posicionarnos por encima ni por debajo de nadie.
- se asumen con naturalidad, dignidad y sencillez.
- se expresan serenamente y con contención. Sin dramatizar, sin humillarnos y sin rasgarnos las vestiduras.

Abracadabra
La magia de hablar en positivo

A veces utilizamos el «no» apropiadamente y otras veces inapropiadamente. Crecemos desde pequeños con el «no» y un exceso de «noes» utilizados de manera inadecuada no sólo son ineficaces, sino que pueden producir el efecto contrario al deseado. ¿Qué ocurre, por ejemplo, cuando alguien nos dice que no pensemos en algo? ¿Podemos dejar de pensar realmente en ese algo?

> Cuando enseño el estudio del cambio de marco, en Berkeley [...] lo primero que hago es darles a los estudiantes un ejercicio. El ejercicio es: No pienses en un elefante. Hagas lo que hagas no pienses en un elefante. No he encontrado todavía un estudiante capaz de hacerlo.
>
> GEORGES LAKOFF
> *No pienses en un elefante. Lenguaje y debate político*

El simple hecho de que nos digan: «No pienses en un elefante», o en un problema, hace justamente que nuestro pensamiento omita el no y se dirija directamente a pensar en el elefante o en el problema. Lo mismo ocurre cuando nos dicen «no corras», «no te caigas», «no rompas nada»... Pensar de un modo diferente, señala Lakoff, requiere hablar un modo diferente.

Para comunicarnos asertivamente tenemos que expresar lo que queremos o lo que nos gustaría en lugar de lo que no queremos o no nos gustaría (lo veremos de nuevo en la fórmula «XYZ»). Lo mismo vale para cuando damos una orden o hacemos una petición. Hablar en positivo siempre es más efectivo:

- «Más despacio, por favor» es mejor que: «No corras» o «No tan deprisa»
- «Habla más bajito» es mejor que: «No grites»
- «Ten cuidado» es mejor que: «No te caigas» o «No rompas nada»
- «Déjame hablar, por favor» es mejor que: «No me interrumpas».

Con nuestros deseos y expectativas vitales ocurre exactamente igual. El «no» no cuenta. Si expresamos un deseo con un «no» delante, por ejemplo: «No quiero que me traten mal», nuestra atención se focaliza en la acción de tratar mal y eso es lo que más probablemente atraeremos. Para que esté bien expresado tenemos que decirlo en positivo, centrarnos en lo que queremos: «Quiero que me traten bien».

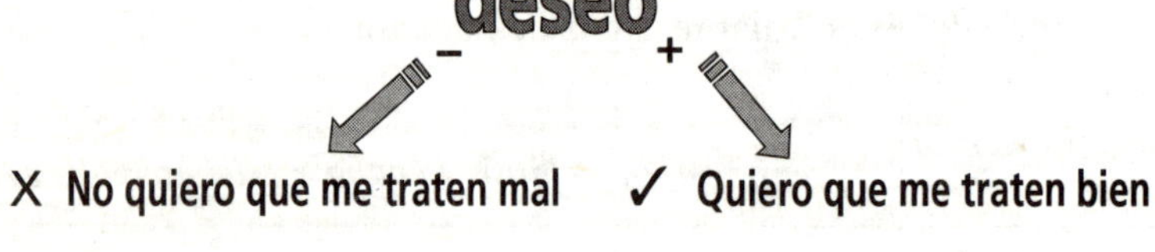

La única razón por la que las personas no obtienen lo que quieren es porque piensan más en lo que *no quieren* que en lo *que quieren*... La epidemia de «no quiero» es la peor de las que ha padecido la humanidad... Cuando centras tus pensamientos en lo que quieres y mantienes ese enfoque, estás invocándolo con la fuerza más poderosa del Universo.

RHONDA BYRNE
El Secreto

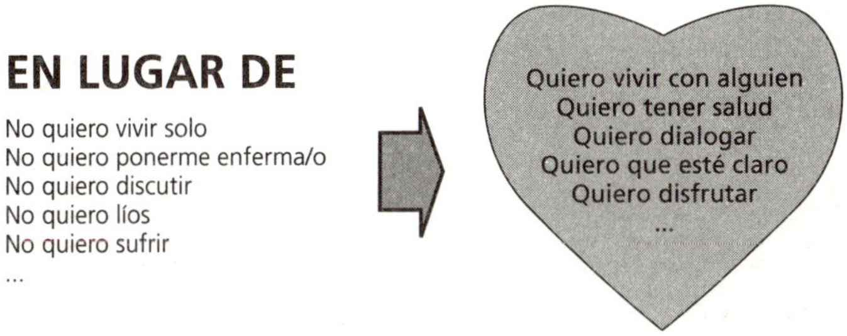

En cuanto a las personas con las que nos relacionamos tenemos que enfocarnos también en lo positivo, tratar de percibir en ellas todo aquello que tiene valor o es digno de admiración, reconocérselo y expresárselo. Incluso en aquellos casos en que la sintonía personal no es muy buena, hacer el esfuerzo de mirarnos con buenos ojos puede mejorar bastante el clima de la relación.

Para el caso que nos ocupa, desea de corazón la asertividad, siente que es sencillamente extraordinaria, piensa que «el País de siempre es posible la asertividad» es realmente posible, cree en sus posibilidades y en las tuyas, en que eres capaz de comunicarte y relacionarte asertivamente con quienes te rodean. Confía también en que te encontrarás con personas dispuestas a aprender, practicar y compartir asertividad y que si cada uno ponemos de nuestra parte todo puede ser mejor.

Recuerda que la felicidad depende de nuestras relaciones mucho más que de cualquier otra cosa y que la asertividad es uno de los ingredientes indispensables para unas relaciones de calidad y calidez.

■ «Ene» «O» = NO ■

Dos simples letras con gran fuerza en la comunicación, que conviene aprender a utilizar adecuadamente. Veamos varias maneras diferentes de relacionarnos con el «no»:

- No pero sí, sí pero no
- Nunca no
- No y lo siento

No pero sí, sí pero no

Hay personas que primero nos dicen «no» a lo que les podamos pedir y luego, si pueden o les apetece, lo hacen. También hay personas que te dicen «sí» a todo y al final no hacen nada de lo que te han dicho. Estas relaciones suelen causar decepciones porque crean la expectativa y después no la cumplen. Lo más probable es que estas personas no sean muy conscientes de esta manera de actuar y de relacionarse.

Simplemente dicen «sí» sin haber evaluado realmente sus posibilidades. A veces, puede que por alguna razón no se atrevan a decir «no» abiertamente...

Nunca no

Hay personas para las que el «no» no existe y dicen siempre «sí» a todo. Estas personas suelen verse involucradas en mil y un asuntos, muchas veces sin quererlo, simplemente por no saber decir un «No» a tiempo.

¿Por qué nos puede costar tanto decir un «no» cuando nos piden algo? Tal vez porque tenemos la sensación de que defraudamos a los otros y nos alejamos de ellos. Decir «no» a un amigo/a, a un familiar, a un compañero/a implica a veces romper sus expectativas, es como fallarles. «¿Te vienes al cine?» «¡Te esperamos a cenar!» «¿Me dejas tu cámara de fotos?»... Ante frases como éstas no siempre es fácil pronunciar un «no». Pero si realmente no quiero o no puedo ir, tengo derecho a pronunciarlo, sin que represente una ofensa para el otro: «Hoy no puedo (o no me apetece), pero me habría gustado. Te llamo yo mañana...».

❀ Quizás exista una relación entre ACEPTAR un NO Y DECIR un NO:

Si sé aceptar que a mí me digan «No» ➡ Me sentiré más libre para decir «No»

Si a mí me cuesta aceptar un «No» ➡ Me resultará más difícil decir «No»

No y lo siento

Muchas veces decimos: «Lo siento, pero no». Como si nos tuviéramos que disculpar por decir no. Qué diferente es decir: «No y lo siento».

❀ TAL VEZ SÍ, TAL VEZ NO...

Hemos hablado de rosas y de lirios. Ahora le toca el turno a la margarita.

Si nos acostumbramos a formular las peticiones contemplando ya el «No» como una de las opciones de respuesta por parte del otro, a nosotros nos resultará más fácil aceptar ese «no» y a la otra persona le resultará más fácil decirnos que no.

Por ejemplo:

–Me haría mucha ilusión que vinieras, pero entiendo que no puedas con lo estresada que vas con este nuevo trabajo.

La otra persona puede contestarnos: «*No y lo siento*»:

–No puedo venir y siento perder la oportunidad de hacer esto con vosotros.

El sentimiento está en la acción, no en tener que decir «no». De esta forma, le ofrecemos más libertad a la otra persona para decirnos que no sin sentirse por eso culpable. Y abrimos la comunicación para aceptar su «no» de manera más madura y respetuosa.

La fórmula «XYZ»

Una regla de oro para expresar lo que nos molesta o nos desagrada

Haim Ginott, pionero de los programas de comunicación eficaz, definió un procedimiento a seguir cuando queramos exponer algo que nos incomoda o nos desagrada. Dicho procedimiento se considera una de las reglas de oro de la conducta asertiva, se conoce como el modelo o la fórmula «XYZ» y consta de tres pasos a los cuales nosotras vamos a añadir un cuarto.

XYZ ➧ Cuando haces o dices X, me siento Y, y me habría gustado que hicieras Z

Veamos detalladamente este **PROCEDIMIENTO ASERTIVO:**

1. **CUANDO / CADA VEZ QUE DICES O HACES X**
   Defino claramente el problema, centrándome en la conducta que me ha molestado o que me desagrada. Evito la crítica a la persona. Mis comentarios y observaciones se refieren solamente a sus actos.

2. **ESTO HACE QUE YO ME SIENTA Y**
   Expreso cómo me siento. Describo mis sentimientos ante esa conducta, en un tono lo más calmado posible y sin dramatizar. Me centro en los efectos que dicha conducta provoca en mí, sin presuponer intenciones en el otro, sin juzgar, atacar ni insultar. Me intereso por su modo de ver el problema y dejo espacio para que exprese también cómo se siente y para una salida digna.

3. **ME HUBIERA GUSTADO QUE HICIERAS Z O SENTIRME Z**
   Informo de lo que me hubiera gustado. Especifico la conducta que hubiera preferido, en positivo, en lugar de recalcar lo que no quiero, sin presionar y sin exigencias. Digo lo que me gustaría respetando la libertad del otro de aceptarlo o no. Podemos ofrecer varias alternativas. Es el primer paso orientado a la solución.

4. **¿QUÉ TE GUSTARÍA A TI QUE HAGA YO? / POR MI PARTE ME COMPROMETO A...**
   ¿En qué medida he contribuido yo a que se diera esta situación? ¿Qué podría hacer o dejar de hacer para que no se repita? Es un paso adicional que sugieren algunos autores. Nos parece muy necesario porque cierra el círculo. Implica asumir la parte de responsabilidad que pueda correspondernos y estar dispuestos a poner algo de nuestra parte.

Ejemplo:

1. (X) Cuando te encierras en ti mismo y no me dices ni palabra...
2. (Y) Me siento un poco desconcertada y no estoy a gusto.
3. (Z) Me gustaría que si estás de mal humor me lo digas y me aclares si tiene algo que ver conmigo, aunque si tú prefieres otra cosa podemos buscar otras fórmulas...
4. Por mi parte me comprometo a darte el tiempo que necesites y a respetar tu silencio.

En lugar de «eres insoportable», «no hay quien te aguante», «cambias la cara o me largo», etc.

Como vemos, cambiamos el juicio al otro, al TÚ, por lo que yo siento o experimento, por mensajes YO, de tal manera que sustituimos el ataque, la crítica, la hostilidad, la amenaza, por una demanda razonable, flexible y respetuosa, que contempla también la libertad y las preferencias del otro.

Amnesia selectiva

La solución está en mirar a la solución

Es muy frecuente que personas que logran manejarse más o menos bien con la primera y la segunda fase del procedimiento anterior, es decir, que consiguen identificar la conducta que les molesta (X) y expresar cómo se sienten ante dicha conducta (Y), manifiesten una especie de amnesia selectiva respecto a la tercera (Z) y, cómo no, a la cuarta fase.

Son perfectamente capaces de expresar lo que no les gusta, pero no son capaces de proponer o sugerir la conducta que les gustaría ni tampoco de responsabilizarse ante el problema y comprometerse a poner de su parte lo que haga falta para solucionarlo.

Quedarse con la primera y la segunda fase y olvidarse de la tercera y la cuarta es un verdadero chollo. Tengo carta blanca para quejarme de lo que me molesta, puedo explayarme a gusto y echarle en cara al otro lo mal que me hace sentir, pero a la hora de buscar soluciones a mí que no me miren. ¡Y además hasta puede que presuma de asertiva/o!

El procedimiento XYZ es como los yogures. Viene en un pack de cuatro y no nos los podemos llevar por separado. Es trampa olvidarnos de estos dos pasos que exigen una mayor implicación y responsabilidad por nuestra parte y que son además los que miran realmente hacia la solución, pues los dos primeros se quedan en el problema.

Gráficamente, lo podemos representar así:

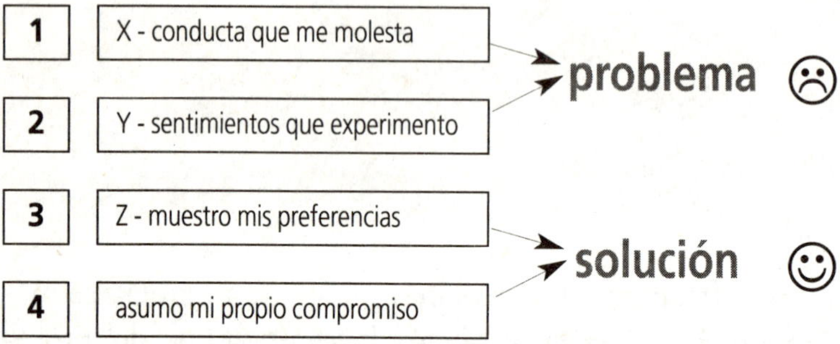

No vale decir que una conducta no nos gusta (paso 1) y no especificar qué conducta hubiéramos preferido a cambio (paso 3). Tenemos que estar dispuestos a dialogar y a dar pistas claras sobre lo que nos hace sentir bien o mal. No podemos esperar que el otro lo adivine. Tampoco podemos esperar que nuestros deseos se vean siempre satisfechos. Lo que nos gustaría no tiene que convertirse en una exigencia para el otro, es simplemente una demanda que apela a su responsabilidad, respetando en todo momento sus posibilidades, sus propios deseos, su libertad y presuponiendo siempre sus buenas intenciones. Tenemos que contemplar siempre la posibilidad de que el otro actúe de buena fe y de que sus motivos sean nobles y razonables como los nuestros.

Tampoco vale no ofrecer nuestra colaboración (paso 4). La asertividad no es un proceso lineal ni unidireccional. El que se siente molesto por algo no tiene más derechos ni está exento de responsabilidad y sería cuanto menos prepotente que se limitara a amonestar y aleccionar al otro, quedándose al margen. Las relaciones humanas son siempre multidimensionales y circulares. Puede que la conducta del otro que me molesta tenga que ver a su vez con alguna conducta mía que le molesta a él, por lo que no podemos cuestionar su conducta sin estar dispuestos a cuestionar también la nuestra.

La asertividad es, como mínimo, cosa de dos e implica a todos por igual y el procedimiento XYZ es, en el fondo, un recurso y una invitación al diálogo franco y responsable en aquellas situaciones en que tenemos que comunicarnos cuestiones difíciles o delicadas.

¿Y a mí qué me cuentas?
Críticas, quejas, reclamos y reclamaciones

Tenemos todo el derecho a expresar algo que nos molesta, nos incomoda o nos desagrada, pero al mismo tiempo tenemos el deber de expresarlo de un modo oportuno y respetuoso. La asertividad no nos otorga carta blanca para decir cualquier cosa que se nos antoje a cualquier persona y en cualquier contexto. Las quejas y críticas hay que hacerlas con cuentagotas y sustituirlas por observaciones sobre lo que yo siento, capto o experimento ante algo o ante alguien, como señalaba F. Ramon-Cortés. Y aun así, un exceso de ellas puede malograr una relación, aunque se hagan con una asertividad impecable.

Detrás de cualquier observación tiene que haber una intención real de mejorar o resolver algo y hay que saber distinguir si es conveniente o no hacerla, si hay receptividad suficiente y garantías de ser escuchados, así como saber escoger el momento y el lugar oportuno o propiciarlos. También hay que centrarlas en el problema o en la acción que las ha originado, en lugar de atacar a la persona. Si contienen una carga emocional negativa hacia la persona, lo transmitiremos de algún modo, aunque sea sutil, y se puede resentir la relación. Otra cosa importante es expresarlas siempre en la intimidad.

Otro aspecto a tener en cuenta, antes de poner la directa y lanzar una observación, es reflexionar honestamente y asegurarnos de que lo que vamos a decir no responde más a un reclamo interior nuestro que a otra cosa. Muchas «reclamaciones» tienen más que ver con frustraciones propias que con fallos ajenos. Detrás de una crítica hacia otra persona puede haber muchas cosas:

- expectativas nuestras poco realistas o simplemente expectativas no cumplidas
- minimización de lo positivo y maximización de lo negativo
- estrechez de miras, rigidez, arrogancia, prepotencia por nuestra parte
- la convicción de que sólo crecemos y mejoramos cuando se nos señalan los fallos
- carencias o insatisfacciones personales, envidia, miedo, resentimiento...
- necesidad de autoafirmación o de protagonismo
- etc.

Por otra parte, las quejas se las tenemos que hacer a quien corresponde y no dar la vara a quien no tiene ninguna culpa y además no puede hacer nada.

–Hay clientas que siempre se están quejando del horario –me contaba la empleada de una peluquería–. Dicen que abrimos demasiado tarde. ¿Y a mí qué me cuentan? ¿Yo qué culpa tengo? Que se lo propongan a la jefa o que se vayan a otra pelu. Pero si vienen que no estén todo el rato refunfuñando.

Por último, tan importante es la habilidad de formular una observación sobre otra persona como la de aceptarla cuando ésta se dirige a nosotros. Asertividad no significa envolverlo todo entre algodones ni mucho menos silenciar lo que pueda resultar desagradable. Si fuera así, la asertividad no haría otra cosa que enmascarar las cosas y fomentar la fragilidad emocional. Tras una crítica, aun en el caso de que sea agresiva e ingrata, puede haber una oportunidad de crecimiento o de mejora y tenemos que desarrollar la capacidad de escucharla, valorarla y pasarla por nuestro propio filtro sin que llegue a desestabilizarnos.

Empresas y escuelas asertivas

La asertividad como cualidad de un colectivo

Podemos hablar de relaciones asertivas, de comunicación asertiva, pero también podríamos hablar de empresas, asociaciones, comercios, instituciones, escuelas y clubes asertivos. ¿Qué significa el adjetivo *asertivo*? ¿Que tendrían en común la comunicación, la relación, la empresa, la escuela o cualquier otra institución asertivas? Podríamos aventurarnos a decir que tendrían en común los siguientes factores:

- Respetan los derechos y deberes de los otros.
- Se escuchan las aportaciones de todos los miembros.
- Se permite expresar las ideas, proyectos, opiniones y sentimientos de todas las personas implicadas.
- Se crean espacios y metodología de trabajo para tratar los diferentes puntos de vista: asambleas, rincón de la concordia, diálogos de café, etc.
- Se saben gestionar los conflictos. (Toda propuesta de cultura de paz, mediación y resolución de conflictos debería

tener presente el cultivo de la asertividad como paso previo a su propuesta de intervención)

- Se suman y complementan las percepciones.

📖 Una investigación de David Perkins en Harvard demostró que el 90 % de los errores del pensamiento común (no el de la alta tecnología) eran errores de percepción. La percepción era limitada, egocéntrica, a corto plazo, etc. La capacidad de cambiar las percepciones y mirar las cosas de un modo distinto, seguramente, tuvo un gran valor de cara a la supervivencia.

EDWARD DE BONO

Es muy conocido el sistema OPV (Other People's View, punto de vista de los demás) de Edward De Bono. Esta manera de pensar se utiliza en diferentes y empresas y escuelas.

Se trata de ejercitar nuestra manera de percibir la realidad y ampliar nuestra perspectiva. Ampliar nuestra percepción de las cosas, las ideas y las maneras de pensar también es una manera de trabajar nuestra asertividad.

Todo esto reviste gran importancia en el mundo empresarial, puesto que, tanto la fidelización de los clientes como el rendimiento del propio personal, tienen mucho que ver con el clima de trabajo. Según un estudio de la School of Management de la Universidad de Yale, citado por R. Boyatzis, el tipo de interacciones que se establecen dentro de un grupo y el estado de ánimo que éstas generan acaban determinando la eficacia laboral. «Las personas trabajan mejor cuanto mejor se sienten» y la asertividad ajusta y mejora, sin duda alguna, la temperatura emocional de las instituciones.

La misma idea podemos trasladarla al ámbito escolar, de cara a optimizar los aprendizajes y las relaciones entre los diversos miembros de la comunidad educativa.

Séptima parte

Llueven pétalos

(delicias asertivas)

Llega ahora lo más agradecido: las esencias florales, las músicas del corazón, las caricias, las delicias asertivas...

Una vez expandida la asertividad, una vez contagiados de ella y de su esencia, podemos comenzar a saborearla, a disfrutarla, a gozarla, a regalarla, a compartirla, a agradecerla cuando nos sea ofrecida...

Ensamblaremos unos cuantos pétalos, como queriendo formar con ellos una especie de guirnalda asertiva que embellezca los últimos compases de nuestro recorrido y nos sirva de inspiración para seguir adelante, una vez finalizado el mismo.

Un collar con reminiscencias de los más bellos sueños que hemos tejido y que vamos a seguir tejiendo. Como los collares de flores con que te reciben en Oriente, la fragancia del alma con la que se envuelve a los huéspedes, las lluvias de pétalos con que se les agasaja, que conforma una alfombra sedosa, rebosante de color y de aromas, sobre la que caminar plácidamente.

Dímelo bonito
El arte de la caricia

Como hemos dicho al comienzo, este tren de largo recorrido no se detiene en la asertividad. La asertividad no deja de ser una estación de enlace, una especie de lanzadera hacia otros destinos aún más atractivos y suculentos.

Ahora que ya tenemos la flor en nuestras manos, ¿se te ocurre algo mejor que regalársela a alguien?

La asertividad nos transporta al jardín de las caricias, al arte de aprender a expresar estima, afecto, cariño, ternura, amor, amistad, cordialidad y simpatía a quienes nos rodean.

El término caricia lo tomamos prestado del Análisis Transaccional. No hemos encontrado otro que nos guste tanto para referirnos a cuanto tiene que ver con la expresión del afecto. Se debe a Eric Berne, quien lo define como el estímulo intencional dirigido de una persona a otra y que implica reconocimiento o aceptación.

> Caricia puede emplearse de forma coloquial para definir todo acto que implica reconocimiento de la presencia de otra persona. Por tanto, la caricia puede utilizarse como la unidad fundamental del acto social. Un intercambio de caricias constituye una transacción, que es la unidad básica de todas las relaciones sociales.
>
> ERIC BERNE
> *Juegos en que participamos*

Para Berne, el hambre de contacto físico, de palabras, de miradas, de gestos... es equiparable al hambre de alimentos. Si no nos dan caricias, dice, nuestra espina dorsal se secará. Todas las personas necesitamos sentirnos reconocidas, valoradas, apreciadas y mantener contactos gratificantes con los otros. Necesitamos, en resumidas cuentas, intercambiar caricias.

Hay caricias de varios tipos: verbales, físicas, gestuales, simbólicas... A pesar de que algunas tal vez se nos den mejor que otras, es conveniente aprender a practicarlas todas y que nuestro repertorio sea lo más completo y variado posible.

Parece obvio que para expresar afecto o reconocimiento hacia alguien primero hay que sentirlo. Pero también es cierto que acostumbrarnos a manifestarlo o a expresarlo ayuda sentirlo.

Por otra parte, como señala J. Cuadras, conviene que aprendamos a distinguir las caricias de los sentimientos. Las caricias nacen de emociones y sentimientos y producen, a su vez, una repercusión emocional agradable o desagradable en quien las recibe, pero no son lo mismo que una emoción o sentimiento.

sentimiento	caricia
Tiene que ver con el «Yo» Es algo referido a mí Puedo expresarlo o no Existe aunque no lo exprese	Tiene que ver con el «Tú» Es algo referido a ti Sólo es tal caricia si se da Existe solamente si se expresa
Me gusta estar contigo Es una gozada trabajar a tu lado Me encanta el color de tus ojos Te aprecio mucho	Eres un encanto de persona Eres una compañera excelente ¡Qué ojos tan bonitos tienes! Eres muy importante para mí

Aunque la diferencia es bastante sutil a veces, en la caricia siempre se sobreentiende (y se podría añadir) el «tú»:

- Eres un encanto de persona, TÚ
- Eres una compañera excelente, TÚ
- ¡Qué ojos tan bonitos tienes!, TÚ
- Eres muy importante para mí, TÚ

De todas formas, algunos sentimientos se convierten en caricias por el simple hecho de ser expresados. Por ejemplo:

- Te aprecio mucho, a TI.
- Te valoro, a TI.
- Te quiero, a TI.
- Me pareces una persona estupenda, TÚ

Las caricias son como agua de rosas. El agua de rosas es una esencia que se obtiene por un lento proceso de destilación de los pétalos, que requiere tiempo y dedicación.

Como la asertividad misma. Y de igual modo que ocurre con las caricias, tiene que adecuarse a una medida. Una concentración muy fuerte se hace insoportable, a no ser que la diluyamos en pequeñas cantidades con agua. Si damos caricias desmesuradas o en exceso pueden no resultar creíbles y según cómo podemos generar una sensación de deuda en el otro. Adecuando siempre...

Las caricias, un elixir vital

Las caricias son algo más que elogios o cumplidos. Son también algo más que estímulos positivos que nos hacen sentir bien y nos ayudan a extraer lo mejor de nosotros mismos. Según Berne, son necesarias para la supervivencia. Sin ellas enfermamos o morimos, por lo que podemos considerarlas un auténtico elixir vital.

El hambre de reconocimiento y estima es una necesidad tan imperiosa, que, si no recibimos caricias que lo sacien de manera positiva, trataremos de saciarlo de manera negativa. Una caricia negativa siempre es mejor que la indiferencia. Lo importante es sentir que, de una forma u otra, existimos y se nos mira.

La caricia genuina es un acto incondicional y gratuito de reconocimiento hacia otra persona. No se le ofrece a cambio de nada ni por nada especial que haya hecho. Se le da por el mero hecho de existir y por el puro placer de dársela.

Sin embargo, somos poco dados a dar caricias. Lo habitual es escatimarlas, tanto a los otros como a nosotros mismos.

Desdichadamente, las caricias no siempre fluyen libremente, ni siquiera entre las personas que se aman. Nuestra naturaleza básica pide abundantes caricias. Darlas y recibirlas debería ser sencillo y placentero. Sin embargo, muchas veces tropezamos con dificultades [...] Proporcionarnos caricias es difícil [...] No sólo es difícil dar caricias, sino que también es difícil recibirlas y aceptarlas. Y acariciarse uno mismo es, sin ninguna duda, un tabú.

CLAUDE STEINER Y PAUL PERRY
La educación emocional

Efectivamente, algunas personas parece que en su vocabulario no tengan palabras de reconocimiento. A veces no las pronuncian porque temen su repercusión: «¿Qué pensará fulanito si le digo esto?», «¿Y si me malinterpreta?», «¿Y si se imagina otra cosa?», y ante tanta duda dejan pasar la oportunidad de dedicarle una caricia al otro. Otras veces no las pronuncian por miedo al ridículo o a expresar sus emociones: «Si muestro mis emociones me hago más vulnerable y es más fácil que me hagan daño», y detrás de estas corazas volvemos a perder la oportunidad de acercarnos al otro, de reconocer su esfuerzo, su valor, su persona, su día a día.

Hay otras evasivas diversas para no expresar las caricias: «No hace falta que se lo diga», «No hace falta que se lo agradezca», «No hace falta que se lo demuestre»... «Total, la persona ya sabe que vale mucho, ya sabe que la quiero, ya sabe que es brillante, ya sabe que para mí es especial, ya sabe...»

¿Seguro que lo sabe? Y aun en el caso de que lo sepa, si la caricia es una especie de elixir vital, ¿por qué no recordárselo?

Como veremos seguidamente, recibirlas y aceptarlas tampoco es sencillo. Y dárnoslas a nosotros mismos está peor visto aún, si cabe. En nuestro diálogo interno nos descalificamos con frecuencia y darnos caricias positivas, ser asertivos con nosotros mismos, es muy importante para desarrollar un buen autoconcepto, generar confianza y adoptar una actitud plenamente asertiva en nuestras relaciones.

Roja o rojo como un tomate

La dificultad de aceptar y agradecer las caricias

Curiosamente, a algunas personas les cuesta más recibir y aceptar caricias que ofrecerlas.

En la carrera, un profesor de antropología filosófica nos decía que el piropo es el acto de retener aquello que se escapa. ¿Sabemos retenerlo para ofrecerlo? Más aún, ¿Sabemos retenerlo y degustarlo cuando nos lo ofrecen? ¿Sabemos agradecer unas palabras bonitas que alguien nos dedica, un gesto de amistad, de reconocimiento, un elogio por un trabajo bien hecho? ¿Sabemos hacérnoslo nuestro, aceptarlo realmente? ¿Somos capaces de abrir nuestro corazón a lo que viene de otro corazón, tomarlo con auténtico gozo y guardarlo en él?

- ¡Felicidades, te ha salido perfecto!
- ¡Estás guapísima hoy!
- ¡Tú eres todas las flores: la dulzura, la esencia, la elegancia y el frescor!

- ¡Eres una persona maravillosa!
- ¡Estás estupendo!
- ¡Tu cara brilla! Irradias felicidad. Estás brillante en todos los aspectos.
- ¡Es un lujo tenerte por amiga!

¿Cómo nos sientan todos estos piropos? ¿Los sabemos recibir? ¿Los sabemos agradecer?

En los ejercicios sobre caricias y elogios que realizamos en nuestros cursos hemos podido comprobar que, con más frecuencia de lo que pensamos y de una manera normalmente inconsciente, recurrimos a estrategias diversas para rechazar las caricias que nos ofrecen o nos brindan. Recogemos algunas de las que señala Steiner y otras más:

- La persona no nos conoce bien: «Si me conocieras bien, no dirías lo mismo», «Tengo muchos defectos, no creas»...
- Es pura amabilidad o caridad por su parte, no es real: «Eres muy generoso conmigo», «Me ves así porque me miras con buenos ojos», «No hay nada como un buen amigo»...
- Otros la merecen más: «Fulanita sí que es estupenda o sí que sabe...»
- Restar valor a la acción o a la cualidad que ha dado lugar a la caricia, minimizar el elogio: «No hay para tanto», «No tiene importancia», «No me ha costado nada», «El azul sienta bien a todo el mundo», «No está mal mi vestido para ser una baratija»...
- Generalizar la propia acción: «Cualquiera lo haría», «Todas estamos guapas cuando nos arreglamos»
- Restar méritos a la persona que nos elogia o ironizar: «Se te da muy bien echar florecitas», «¿Te has fumado algo?», «Dime qué quieres conseguir, anda...», «Qué vas a decir tú de mí...»

- Devolver el elogio sin dejar que nos penetre: «Tú también eres un encanto», «Tú más aún», «Tienes un café pagado»...
- Etc.

Creemos que aceptar una caricia es un acto de soberbia y en realidad es un acto de humildad. Al fin y al cabo, agradecerlas implica reconocer que nos hacen falta y supone a la vez un acto de reconocimiento a la exquisitez o a la deferencia del otro.

¿Qué sientes tú cuando alguien te dice lo siguiente?:
«Eres tan increíble, tan especial que si no existieras te tendría que inventar»...dice la canción, y sigue: «francamente eres increíble, hasta cuando me equivoco estás a mi lado y me das tanto, pero tanto tiempo que seguro lo debes de crear».
¿Qué responderías?
☺ No hay para tanto
☺ Tú, ídem para mí
☺ Gracias, a secas
☺ ...

O...
♥ Lo que me dices es precioso y me sienta de maravilla
♥ Me llega al corazón y te lo agradezco de veras
♥ Me hace bien escuchar esto. Lo necesito
♥ Una sonrisa
♥ Una mirada agradecida
♥ Otro día le harás saber de alguna forma lo especial que es él/ella para ti también
...

Dice el refranero popular que es de bien nacido ser agradecido. Y, además, a quien de todo corazón nos dedica una caricia, le gusta que la recibamos con gusto, que la aceptemos y que la disfrutemos.

El saldo de caricias
De la escasez a la abundancia

Todas las personas tenemos un saldo de caricias, resultado de la suma de caricias que recibimos y damos. Las que damos también suman, aunque lo que más cuenta no es lo que damos o recibimos, sino lo que somos capaces de tomar, es decir, la alegría de vivir, la gratitud, la autoestima, los aprendizajes, la felicidad, que logramos extraer a partir de lo que nos dan y de lo que nosotros, a su vez, somos capaces de dar.

Lo óptimo sería que nuestro saldo de caricias fuera positivo, pero teniendo en cuenta lo que nos cuesta dar caricias, recibirlas, pedirlas y dárnoslas a nosotros mismos, no sería de extrañar que estuviera bajo mínimos.

C. Steiner dice que en cuanto a caricias nos regimos por la ley de economía o de escasez y tendríamos que regirnos por la ley de abundancia:

LEYES NO ESCRITAS

LEY DE ESCASEZ		LEY DE ABUNDANCIA
• No des caricias positivas • No aceptes caricias positivas • No pidas caricias positivas • No te des caricias positivas • No rechaces las caricias negativas	➡	• Da caricias positivas • Acepta caricias positivas • Pide caricias positivas • Date caricias positivas • Rechaza las caricias negativas
la que seguimos normalmente		LA QUE HEMOS DE SEGUIR

¿Cómo está tu cuenta personal de caricias? ¿Tiende a la abundancia o a la escasez? ¿Tienes un saldo positivo o estás en números rojos? Antes de responderte, sigue leyendo... Puede que hayas recibido ingresos que se te haya olvidado contabilizar o que valgan más de lo que pensabas.

Por un lado, y como acabamos de señalar, recuerda que no tiene más quien recibe más caricias, sino quien es capaz de sacar más partido de las caricias que recibe y que da. Habiendo recibido mucho puede que extraigamos o tomemos muy poco y habiendo recibido poco puede que extraigamos o tomemos mucho. Estamos llegando al final y de nuevo aparecen las nociones de resiliencia y serendipicidad que abordamos al comienzo.

Por otro lado, cada uno tenemos un canal o canales preferentes a la hora de recibir y dar caricias. Hay un tipo de caricias que nos llegan más que otras y no todas las que recibimos tienen el mismo valor. Tampoco las caricias negativas valen lo mismo ni repercuten por igual en todo el mundo.

Es difícil contabilizar, por tanto, nuestro saldo de caricias en valores absolutos. Cada persona se rige por su propio baremo y todo depende, al fin y al cabo, de si vamos por la vida sumando o restando, mirando lo que hay o lo que falta, agradeciendo lo que a pesar de todo se nos dio o lamentando lo que anhelábamos y tal vez no nos dieron. Decimos «tal vez» porque a veces pensamos que no nos dieron algo porque no nos lo dieron en el momento, la forma y la persona que queríamos, pero aquello puede que haya llegado a nuestra vida por otros canales y que ni siquiera lo hayamos advertido.

De lo que no hay duda es de que el intercambio de caricias es una necesidad vital. S. Covey utiliza la metáfora de la cuenta bancaria emocional para referirse a ella. En las relaciones próximas tiene que haber ingresos constantes de afecto, reconocimiento, confianza, etc. Las interacciones diarias producen reintegros automáticos y, si no hay ingresos periódicos, los depósitos iniciales se evaporan y las relaciones se van deteriorando.

Si aumento mis depósitos en una cuenta bancaria emocional de la que hago a usted depositario, mediante la cortesía, la bondad, la honestidad, y mantengo mi compromiso con usted, yo constituyo una reserva. La confianza que usted tiene en mí crece y yo puedo apelar a esa confianza muchas veces [...] Incluso puedo equivocarme, y ese nivel de confianza, esa reserva emocional, compensará la diferencia. Puede que mi comunicación no sea clara, pero usted me entenderá de todos modos. Cuando la cuenta de confianza es alta, la comunicación es fácil, instantánea y efectiva. Pero si tengo la costumbre de mostrarme descortés e irrespetuoso, de interrumpirlo, de exteriorizar reacciones desmesuradas, de ignorarlo, de comportarme con arbitrariedad, de traicionar su confianza, de amenazarlo [...] finalmente mi cuenta bancaria emocional quedará al descubierto.

STEPHEN R. COVEY
Los 7 hábitos de la gente altamente efectiva

La asertividad es en cierta forma una caricia, un ingreso que aumenta el saldo de afecto, reconocimiento y confianza en la cuenta del otro y en la propia.

Algunos pétalos de asertividad

En este apartado recogemos unas cuantas anécdotas, reflexiones y consideraciones en torno a la asertividad que hemos extraído de nuestras vivencias cotidianas, así como pequeñas grandes perlas asertivas que hemos podido observar en personas de nuestro entorno y algunas ideas adicionales sobre la comunicación asertiva, que todo ello nos ha sugerido.

El tono y las formas

La mamá de Eric se pasó el partido entero increpando al árbitro: «Ponte gafas», «Léete el reglamento», «Mira que llegas a ser malo», «No tienes ni idea», «Dedícate al parchís», «¡Vete a casa!», etc. Al finalizar el partido, otra madre le dijo: «Te habrás quedado descansada con el árbitro...», a lo que ella respondió: «Le he dicho unas cuantas verdades, pero se las he dicho sin insultarlo».

El primer elemento a tener en cuenta es este caso es el lenguaje corporal. Alrededor del 90 % de lo que comunicamos lo expresamos con el cuerpo. Las mismas palabras suenan completamente diferentes según el tono y los gestos que las acompañen. La mirada y el tono de la mamá de Eric eran iracundos y la forma en que se dirigía al árbitro despectiva. El segundo elemento es el contexto. En un campo pequeño una injuria puede provocar un impacto más directo y personal en el árbitro que en un campo grande con miles de personas. A veces el insulto no está en las palabras, sino en el tono y en las formas. Para ser agresivos no hace falta insultar ni decir tacos. Podemos faltarle al respeto a alguien incluso sin pronunciar palabra.

Desaires airados

–Lo siento Vanesa –dijo Bárbara–. No voy a poder ir porque...

–No hace falta que me des explicaciones –la interrumpió Vanesa airada.

Cuando una persona quiere darnos una explicación, ser asertivo implica dejar que se exprese y escuchar su explicación. Negarse a escucharla es un desaire. A veces lo decimos con buena intención; en el fondo lo que queremos decir es: «No te preocupes, confío en ti...», pero otras veces lo que en realidad estamos diciendo es: «No me importan tus razones, lo único que me importa es que me estás fallando». En este caso, entramos en el terreno de la condena y la agresión.

Cenizos y aguafiestas

¿Hace alguna falta que le confieses a tu mejor amigo que te estás planteando separarte el día de su boda? ¿O que le recuerdes tus abortos a una amiga en el momento preciso en que te comunica que está embarazada?

También nos comportamos agresivamente cuando «aguamos la fiesta» a quien comparte con nosotros una alegría, cuando le auguramos un mal presagio a quien nos expresa una ilusión o una esperanza, o simplemente cuando planteamos una demanda, un problema o un nuevo reto a alguien en un momento inoportuno y no le dejamos espacio para que saboree sus logros o viva plenamente sus alegrías.

«Haciendo amigos»

–¿Me permites echar un vistazo al periódico? – le preguntó Susan a Tony.

Tony le cedió con gusto el periódico que sostenía doblado bajo el brazo.

–Este periódico es una porquería no me gusta nada. Toma... –dijo Susan cuando terminó. Cerró el periódico y se lo devolvió a Tony sin ni siquiera darle las gracias.

Susan expresa lo que siente, pero esta actitud no tiene nada de asertiva. Está en las antípodas de la asertividad.

Hazlo de corazón o no lo hagas

–¿Qué se puede hacer con una persona que nunca pide disculpas? –nos preguntaba una asistente a un curso–. Yo siempre las pido y mi pareja no las pide jamás. Lo hemos hablado mil veces y él dice que no las pide porque actúa siempre de buena fe y cuando se actúa de buena fe no hay que pedir disculpas.

Se pueden hacer como mínimo dos cosas, si tu pareja te importa de verdad:

- Dejar de pedirlas si por el hecho de que tú las pidas y el otro no tienes la sensación de que tu pareja está en deuda contigo y te sientes cada vez más enojada. Puedes decirle: «Oye, quizás tengas razón, que cuando se actúa de buena fe no hace falta pedir disculpas. A partir de ahora voy a hacer como tú».
- Seguir pidiéndolas si para ti es importante pedirlas y aceptar que él lo vea y lo haga de otra manera.

Hagas lo que hagas, lo importante es hacerlo de corazón.

Disculpe, ¿dispone usted de un momentito?

Las ventas por teléfono son una de las formas más agresivas de marketing desde el momento en que una persona extraña irrumpe en tu hogar y en tu vida en cualquier momento, sin pedirte permiso para entrar y sin importarle si es o no un buen momento para ti. Es menos agresivo cuando al menos te preguntan: «Disculpe, ¿Dispone usted de un momentito?».

Asertividad y móvil

El teléfono móvil personal de alguien se da solamente si se tiene el permiso de ese alguien y, además, cuando se llama a alguien al móvil lo primero que tenemos que preguntar es si le pillamos en un buen momento y si le va bien que hablemos. Esto último también es de rigor hacerlo cuando llamamos a un fijo. De igual modo, no tiene mucho sentido ni tiene nada de asertivo contestar el fijo o el móvil para decir: «Ahora no puedo hablar» y colgar de inmediato dejando al otro con la palabra en la boca.

Finalmente, cuando se llama a alguien por teléfono conviene primero de todo identificarse. Aunque parezca obvio, no todo el mundo lo hace. Algunas personas no sólo no se identifican primero ellas cuando te llaman, sino que comienzan la conversación preguntándole al otro: «¿Y tú quién eres?», lo cual en determinadas situaciones suena algo agresivo.

Mejor no meneallo

Sobre algunas relaciones planean a veces temas delicados que irritan y/o duelen a todos los implicados. Para hablar sobre ello hace falta que cada cual esté dispuesto a abrir su corazón sin juzgar a los otros y esto no siempre es posible. Mientras no se esté en condiciones, mejor no meneallo. Además, no siempre hace falta hablarlo todo abiertamente. Como ya hemos señalado, podemos tener diferencias o incluso fricciones con alguien respecto a ciertas cuestiones y que la relación prospere porque somos capaces de centrarnos en lo que compartimos y en lo que nos une, en lugar de en lo que nos separa. Por muy asertivos que seamos, no siempre vamos a poder expresarlo todo.

Aquí mi congelador y yo

A Juanjo se le estropeó la nevera. Abrumado cogió los congelados y medio desesperado llamó al timbre de su vecina. Ésta apenas tenía sitio para un par de paquetes y se sintió mal de tener que decirle que no le cabía y que tenía que regresar a casa con todo aquello.

MORALEJA: Antes de presentarte en casa de tu vecina con el congelador a cuestas, pregúntale si tiene sitio y si le vendría bien guardarte unos paquetitos...

Lenguado a la menière

Esther subió a dejar unas bolsas a la habitación y quedó en reunirse de nuevo con su pareja y sus amigos en el hall del hotel.

Llegó la última y pidió su cerveza en el momento justo en que el camarero se disponía a cerrar el servicio de bar. Éste le dijo que podían quedarse hasta la hora que quisieran en los salones, pero que ya no podía servirle la cerveza.

–Con lo preciosa que es esta ciudad y lo bien que se está en este hotel, ¿me va a dejar usted sin cerveza? –replicó ella con verdadera gracia y buen humor–. Le he pedido solamente una cerveza, no un lenguado a la menière, y me dará una alegría si me hace este favor.

El camarero le sirvió la cerveza y además le dijo que pagaba la casa.

Del blanco al negro pasando por el gris

Hemos dicho que la asertividad no se alcanza de la noche a la mañana. Si por ejemplo estás acostumbrada/o a decir «sí» a todo y quieres comenzar a decir «no» a ciertas demandas, puede que te sientas más cómoda/o si lo haces progresivamente que si pretendes pasar de golpe del «sí» al «no». Así, las primeras veces puedes decir algo parecido a esto: «Hasta ahora siempre decía "sí" a todo al momento y a partir de ahora quiero pensarlo mejor y decir "sí" solamente a lo que me apetezca o me resulte factible...».

Si se trata de una demanda, no de una exigencia o una imposición, funcionará casi seguro.

Con el carné de asertivo, te dan una lavadora

Fran fue a comprar una lavadora. Tenía decidida la marca y el modelo que quería, pero el dependiente le indicó que había una marca de gama superior, con más prestaciones y garantías, que estaba de promoción. Le explicó las diversas funciones y le ofreció una serie de datos técnicos que le fueron convenciendo. Además, le aseguró que quedaría muy contento y que le duraría más. El precio era similar y finalmente aceptó la recomendación del vendedor. Al primer lavado, se dio cuenta de que no era lo que él quería y se arrepintió de haberla comprado. Llamó a la tienda para ver si era posible el cambio, pero le dijeron que los productos de gama blanca no se cambian una vez estrenados. Insistió en que no estaba satisfecho con la compra y le dijeron que lo único que podía hacer era exponer al caso al jefe de tienda, a ver qué le decía. Fran se fue a la tienda, pero en lugar de preguntar por el jefe miró si veía al dependiente que le había atendido. Lo encontró y le contó lo ocurrido:

–Antes de preguntar por su jefe he mirado a ver si estaba usted. Me atendió muy bien y en ningún momento he pensado que me engañara. Simplemente no me gusta la lavadora que me llevé y quisiera saber si es posible solucionarlo de algún modo.

–¿Qué lavadora quiere? –le preguntó el dependiente. Rellenó al momento el nuevo albarán y él mismo se la cambió.

Respuesta asertiva ante observaciones agresivas

Cada vez que alguien nos diga:

- Los médicos son insensibles
- Los profesores no están bien preparados

- Los abogados son unos liantes
- Los banqueros son unos estafadores
- Los políticos son unos mentirosos
- Etc.

Convendría que le dijéramos lo que le dijo Henry a Natalie cuando ésta le dijo que los ingleses son muy estirados y muy suyos:

–Querrás decir algunos o uno que tú conoces...

La asertividad como fuente de posibilidades

Todos, nadie, siempre, nunca, todo, nada son cuantificadores universales que nos inmovilizan, que agreden a uno mismo o a los otros, y que además destruyen más que construyen.

Cuando pronunciamos frases como:

- Todos van a la suya
- Nadie me quiere
- Nunca seré asertivo
- Siempre meto la pata
- Todo lo haces mal
- Nunca lo conseguirás...

Lo que estamos transmitiendo es imposibilidad de cambio, desconfianza y pesimismo. Ciertamente alguna vez me puedo despistar, pero, si tengo esa tendencia de comportamiento, perpetúo esa condición en mí mismo y/o en los otros, no dejando margen a un cambio o mejora.

Si sustituimos «todos», «siempre», «nunca», etc. por «A VECES» o «ALGUNOS», ¿verdad que suena bastante mejor?: «Algunos van a la suya», «A veces no me siento querida», etc.

To be or not to be

- Soy tonta
- Eres un desastre

Cuando decimos «ERES» o «SOY» nos referimos a la identidad propia o a la del otro, y todo lo que tiene que ver con el ser, con la identidad, suena más categórico y agresivo y su poder de inmovilización es grande. En cambio, si sustituimos el verbo SER por ESTAR o HACER, circunscribimos nuestras observaciones a la conducta y a un momento puntual en el tiempo, por lo que la identidad de la persona permanece intacta y el respeto también.

- En lugar de «Soy tonta» → Estoy tonta o Hice una tontería
- En lugar de «Eres un desastre» → Estás torpe hoy o Lo has hecho mal

Di lo que piensas y piensa bien cómo lo dices

¿Cuantas veces contamos hasta 10?

Una conversación está subida de tono, estamos a punto de dejar ir toda nuestra furia interior y de pronto recordamos ¡hasta 10! y empezamos a contar: 1, 2..., y en esa cuenta podemos ir pensando en cómo nos sentimos, qué puede realmente haber pasado para sentirnos así, qué nos provoca esa furia, y ahora sí, ahora ya podemos hablar:

«Me siento furiosa si me cuesta ver tu punto de vista, necesito mi tiempo para poder entender lo que está pasando».

No dejar que la furia me invada las palabras, el tono o las formas, sino dejar ese margen de tiempo suficiente para canalizar de manera menos agresiva lo que quiero expresar.

No es un ejercicio fácil, especialmente si el sentimiento que hay detrás nos empuja de manera enérgica. Ser conscientes de ello es el primer paso...

Igual que en el baloncesto, en nuestra vida cotidiana tendríamos que tomarnos y permitir que los otros se tomen, con toda normalidad, un tiempo muerto cuando no se está en condiciones de actuar asertivamente. En ciertas culturas es una práctica natural retirarse cuando no se está en condiciones para relacionarse con otros.

El enemigo es otro

Las personas cercanas son muchas veces sobre las que depositamos nuestra rabia, nuestros miedos, nuestras frustraciones. A menudo nos equivocamos de «enemigo». Normalmente lo que nos irrita durante el día está lejos de nuestro circulo más próximo, pero, cuando no somos capaces de expresarlo asertivamente, vamos como reteniendo todos esos momentos y al llegar a casa soltamos todo tipo de improperios a destajo, sin que los otros (las personas más cercanas) entiendan qué está pasando.

«Y los políticos, ¿qué?»

En casi todos los cursos que impartimos, en algún momento u otro nos dicen que esto de la asertividad conviene mucho a los políticos y que cómo vamos a ser asertivos con el ejemplo que nos da la clase política.

Después de lo que acabamos de decir, no podemos referirnos a los políticos en general. Hay que hablar de algunos políticos o quizás de muchos políticos, pero no de todos. Dicho esto, tenemos que reconocer que, ciertamente, la política no es hoy por hoy el mejor modelo o escuela de asertividad. Sin embargo, sociedades progresivamente más asertivas demandarán y darán políticos progresivamente más asertivos. Por un lado, las habilidades específicamente interpersonales y de comunicación son cada vez más valoradas en el campo del liderazgo y, por otro, la política requiere consenso y el consenso verdadero no es verbal, sino emocional y éste sólo se obtiene desde la asertividad. Un político extraordinario es un político que se expresa y se comporta asertivamente.

Hakuna Matata

Hakuna Matata, vive y deja vivir. Hakuna Matata, vive y sé feliz.

Asertividad es expresarte y dejar que el otro se exprese, escucharte y escuchar, respetarte y respetar, vivir y dejar vivir...

A veces queriendo y otras sin querer, nos meternos en la vida de los demás. Y vamos poniendo palos a las ruedas. O simplemente incordiamos. Dice X. Guix, que cuando nos metemos en la vida de los otros es como si entráramos en su casa y nos pusiéramos a desmontarla y a redecorarla. Hemos conocido a gente que se dedica a hacer eso mismo. Ni viven ni dejan vivir. En estos casos va muy recordar el Hakuna Matata. Sin tener en cuenta esta máxima difícilmente una relación puede fructificar.

Apéndice: para quienes quieran comenzar por el final...

■ Lo último, lo primero ■

El concepto de asertividad es un concepto bastante reciente aún, que cuenta ya con unos amplios referentes históricos y una interesante evolución.

Entre nuestros propósitos no está el de realizar un recorrido exhaustivo por el marco teórico conceptual de la asertividad. Sí que consideramos necesario, sin embargo, como hemos avanzado en la introducción, apuntar algunos datos relevantes sobre el origen del término, enumerar unos cuantos nombres propios que nos parece de rigor señalar y ofrecer unas cuantas definiciones iniciales que nos sitúen sobre el tema.

Vayamos a ello, pues.

El concepto de asertividad está muy relacionado con el concepto de habilidades sociales y hay autores que los utilizan como sinónimos. Ambos son conceptos relativamente nuevos, que surgen en el campo de la psicología social a mediados del siglo xx y se popularizan a partir de la década de 1990. Ambos se originan también dentro del ámbito específico de la terapia conductual, por lo que nacen con un enfoque estrictamente preventivo, que a veces todavía pesa sobre ellos, restringiendo su alcance.

En sus inicios, la asertividad se orientaba primordialmente a evitar los efectos y las consecuencias negativas que en el plano de las relaciones interpersonales podían tener determinadas actitudes y expresiones inadecuadas. Constituía un pequeño apartado dentro del gran capítulo de las habilidades sociales, las cuales se dirigían únicamente, también, a personas con algún tipo de déficit en sus comportamientos sociales.

Los dos conceptos han ido evolucionando y hoy en día su alcance es más amplio de lo que era en un principio. Las habilidades sociales se han hecho extensivas a toda la población, no sólo a la que presenta conductas inadaptadas o de riesgo, puesto que la inteligencia interpersonal o social se considera en la actualidad una de las competencias básicas para el establecimiento de relaciones armoniosas/positivas con los otros. La asertividad, por su parte, se orienta hacia la comunicación efectiva y afectiva a la vez, y se relaciona con la capacidad de generar sentimientos agradables y la práctica de valores tan esenciales para la convivencia como la empatía, la honestidad, la libertad, la responsabilidad, el respeto, etc.

Sea cual sea el alcance y la entidad que se les dé, de lo que no hay ninguna duda es de que el buen desarrollo de las habilidades sociales exige como requisito indispensable un buen desarrollo paralelo de la asertividad.

■ Este brindis va por ellos ■

Acabamos de señalar que el concepto de asertividad cuenta ya con unos amplios referentes históricos. Cuenta también con una serie de contenidos sistemáticamente estructurados, unos modelos específicos de desarrollo y unos fundamentos neurobiológicos y psicosociales.

No somos las primeras que escribimos sobre asertividad y, si podemos hacerlo centrándonos en la letra pequeña, en lo que en cierta manera podríamos denominar la poética, los sentimientos y los valores de la asertividad, y abundar en algunas de sus claves y secretos, es gracias al desarrollo teórico y práctico llevado a cabo por una amplia lista de autores/as que nos han precedido.

En el apartado anterior hemos realizado un rápido recorrido por el origen y el alcance de los dos conceptos de habilidades sociales y asertividad. Corresponde ahora algo quizás poco atractivo, pero que es de rigor: señalar el nombre de algunos de estos autores/as, que merecen mención destacada por el gran valor y utilidad de sus aportaciones.

En el campo de las habilidades sociales, en 1949 tenemos al psicólogo neoyorquino Andrew Salter, uno de los pioneros, cuyos trabajos fueron continuados por Joseph Wolpe, en la década de 1960. En esos mismos años aparece la teoría del aprendizaje social de Bandura, uno de los grandes precedentes. En los albores de la década de 1960 hay que nombrar también a Eysenck. En la década de 1970 encontramos autores como Spivack y Shure, Rinn y Markle, Millon y Millon, o Yates. Hacia finales de la década de 1970 y principios de la de 1980, destacan Argyle y Trower. Ya en la de 1980 aparece Kazdin. Finalmente, tenemos que referirnos a Eysler, Hersen, McFall, Goldstein, Michelson, Segura, etc., como autores que desarrollan programas y modelos concretos de entrenamiento en habilidades sociales. En el campo propiamente de la asertividad hay que señalar nuevamente a Salter y también a Wolpe, que en 1958 definió por primera vez el término. El concepto fue desarrollado posteriormente, en la década de 1960, por su colega Lazarus. En la década de 1970 encontramos, entre otros, a Alberti y Emmons, Fensterheim, Seligman y Kelley, y a comienzos de la de 1980 a Rimm y Master. A partir de la de 1980, autores como Abarca, Hidalgo, Castanyer, Carrasco, Caballo y Schuler, entre otros, contribuyen decisivamente a su divulgación y desarrollo.

Es bastante probable que nos hayamos olvidado a alguien. La lista es larga y lo sería más aún si incluyéramos a los que de un modo u otro pueden considerarse antecedentes, precursores, inspiradores, etc. Por eso alzamos simbólicamente una copa de champagne o de cava, en honor de los que hemos nombrado y de los que no.

Este brindis va por ellos.

Para los amantes de las definiciones

Nuestro breve periplo por los antecedentes históricos de la asertividad acaba en esta página, con unas cuantas definiciones sobre asertividad, que nos dan cuenta de la amplitud y la complejidad del término.

- WOLPE (1958), el primero en definirla, se refiere a ella como «la expresión abierta de amistad, afecto y otros sentimientos no ansiosos». Sorprende positivamente la calidez inicial que le imprime Wolpe, dado el sentido restrictivo y de fórmula que adquirió posteriormente. Nos alegramos también de que así sea y de que el significado que nosotras queremos darle esté en sintonía con el espíritu de esta primera definición. Tanto él como anteriormente SALTER, la relacionan con la expresión emocional adecuada, efectiva, responsable y respetuosa.
- ALBERTI y EMMONS (1970/1978) la definen como «una conducta que capacita a una persona para actuar de acuer-

do a sus propios intereses, defenderse sin ansiedad, expresar cómodamente sentimientos honestos o ejercer sus derechos personales sin violar los derechos de los demás». Aparece por primera vez lo que luego será una constante en la mayoría de definiciones: la capacidad de ejercer los propios derechos respetando al mismo tiempo los derechos de los otros.

- Para LAZARUS (1971), asertividad significa «defender los derechos personales y expresar los pensamientos, emociones y creencias de manera directa, honesta y apropiada, que no viole los derechos de otra persona». Relaciona la asertividad con la libertad emocional, la cual implica ser capaces de reconocer y expresar adecuadamente cada estado afectivo, ya se trate de amor, afecto, empatía, compasión, admiración, aprecio..., como de ira, dolor, remordimiento, escepticismo, temor, tristeza. Quizás sea la primera definición que pone claramente de manifiesto la amplitud del concepto y las dificultades que entraña ser verdaderamente asertivo/a.
- FENSTERHEIM (1975) alude a la asertividad como «la acción de mostrarse uno mismo, de afirmarse» y la relaciona con la autoestima.
- También SELIGMAN y KELLEY (1979) la definen como una habilidad orientada al desarrollo de la autoestima y la autoconfianza. Una persona asertiva se comunica abierta y francamente, cree en sí misma y es capaz de responder a una crítica sin agredir porque tiene autoestima.
- CASTANYER (1996) usa términos muy parecidos: «la asertividad es la capacidad de autoafirmar los propios derechos, sin dejarse manipular y sin manipular a los demás», y la considera expresión de una sana autoestima.
- SHULER (1998). La asertividad puede definirse como la capacidad de autoafirmar los propios derechos sin dejarse

manipular y sin manipular a los demás. Son aspectos clave del comportamiento asertivo definir claramente el propio objetivo o postura de acuerdo con los propios valores, ser capaz de darlo a conocer a un tercero y de defenderlo sin agresividad, admitiendo que los demás no lo compartan, así como atreverse a decir «no» y solicitar expresamente lo que se desea.

- GÜELL (2005). Expresión de los propios intereses, creencias, opiniones y deseos de manera honrada, tranquila, sin sentimiento de culpa y sin perjudicar ni agredir los deseos, intereses o derechos de los otros.

■ Dibujando la asertividad ■

La palabra *asertividad* procede del latín *asserere*, *assertum*, que significa «afirmar». Así pues, asertividad significa afirmación de la propia personalidad, confianza en uno mismo, autoestima, etc. Implica ser capaz de hablar en primera persona, hacerse cargo de lo que uno piensa, siente, necesita, desea...

Pero la asertividad que hemos compartido en este libro y que hemos relatado en sus diferentes páginas está tejida de derechos y deberes, de escucha y empatía, de profundo respeto hacia uno mismo y hacia el otro, para posibilitar una comunicación fluida, sincera y desde el corazón.

Antes de terminar, vamos a dibujar la asertividad y, como era de esperar, la vamos a simbolizar con una rosa.

Una rosa para tomar y para dar, cuyas raíces están conformadas por el arraigo afectivo a la familia, al territorio, a la cultura y a las amistades, así como por las emociones y valores que de todo ello emergen. El tallo, que sostiene a la flor erguida, representa la autoestima y las hojas que la embellecen son la empatía, la resiliencia, la escucha y la serendipidad. La honestidad, el respeto, la valentía, la delicadeza, la humildad, la ternura y la adecuación conforman los pétalos. La calma, la confianza y el entrenamiento son las gotas de agua con que conviene regarla para que crezca y los conocimientos y la sabiduría acumulada por la humanidad, el sol y la luna que la iluminan y la acarician.

La mirada del lector/a es como una suave brisa y simboliza la esperanza. Cada deseo y cada conducta asertiva, cada rosa que tomamos y ofrecemos, son como el viento que va esparciendo semillas de asertividad por el mundo.

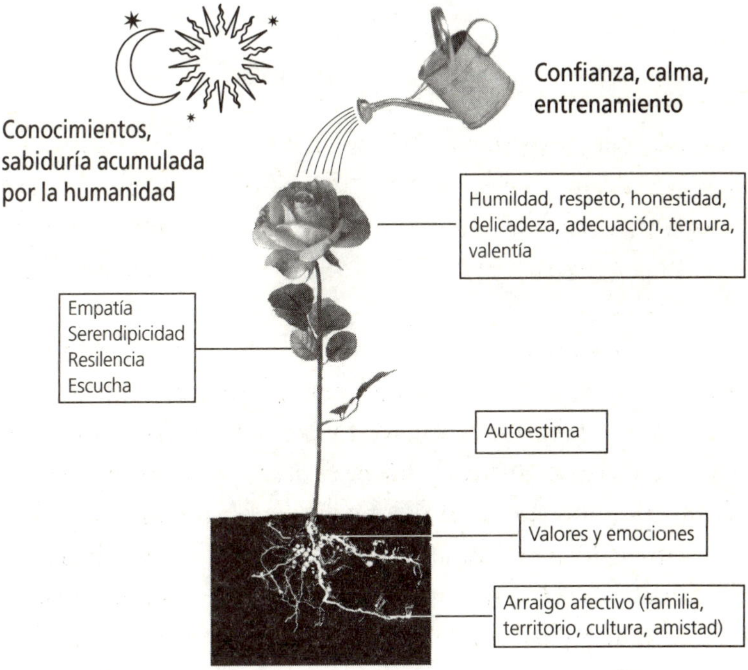

[Fórmula «Forés de Bach» de la asertividad]

Epílogo: para quienes quieran terminar con magia...

Sencillamente extraordinaria

Imaginemos una noche plácida y diáfana, un cielo nítido y sereno recortándose sobre las dunas del desierto, un manto de pequeños y brillantes destellos que nos sumerge en la magia y nos susurra la historia de una flor, una bella y exquisita flor, con pétalos de piedra y anhelos de mar...

Rosa era una piedra que nunca había visto el mar.

Anhelaba un día cumplir su sueño y, conocedora del hechizo de su compañera la luna, aprovechaba cada noche de luna llena para pedirle que le ayudara a hacerlo realidad.

Aquella noche, acampó junto a Rosa un grupo de turistas que se disponían a pasar una noche en el desierto.

Una de las personas del grupo se quedó maravillada al descubrir a Rosa, su forma, su textura, sus pétalos de piedra, su sed de mar... Nunca había visto una piedra tan fascinante y cautivadora.

A través de aquellas manos, que se dejaron impregnar por su anhelo, Rosa emprendió su andadura.

Viajó durante 3 días en una maleta y cuando vio de nuevo la luz no se lo podía creer. El mar estaba allí, como una vasta e interminable caricia de azul tras el cristal. La distancia que los separaba era pequeña, pero a Rosa aún le parecía inmensa.

Se fueron sucediendo las noches y los días, unos embravecidos y otros meciéndose en la calma, unos luminosos y otros sombríos. Rosa seguía anhelando estar junto al mar. Ahora que lo había visto de cerca, aún le parecía más espectacular.

Una noche de primavera, la luna se conjuró de nuevo con ella y la fuerza del viento la hizo rodar hasta el mar. Por fin Rosa alcanzó el mar que tantas veces había soñado y admirado.

Fue a parar contra algo duro y vulnerable a la vez. Era una botella. Una botella de cristal que flotaba en el mar y que las olas habían acercado a la orilla. En la botella había un mensaje que decía: «Esto es para ti». «¿Para mí? –se extrañó Rosa–. Si tan sólo soy una piedra». Llevada por la curiosidad, Rosa escudriñó el interior de la botella y vio que había un corazón. «¿Un corazón? ¿Para qué puede una piedra necesitar un corazón?» Rosa pensaba y pensaba, sin hallar una respuesta, hasta que un golpe de mar liberó el corazón del interior de la botella. En medio de suaves destellos de purpurina, éste se fue desvaneciendo y tornándose cada vez más transparente, hasta alcanzar el pétreo pecho de Rosa e introducirse dentro de él.

A partir de aquel día Rosa fue sencillamente extraordinaria.

¿Y a partir de ahora que?

A partir de ahora básicamente dos cosas:

- Comenzar a circular con asertividad
- Y seguir soñando...

Seguiremos soñando
Escucharemos la luz
Mientras el mundo se mueve dentro de tus ojos.

Seguiremos soñando
Derribaremos los muros
Iremos siempre más lejos...

Sopa de Cabra
Seguirem Somniant

Comentarios de los lectores

Vuestro libro ayuda a las personas a ser más personas, y a serlo por ellas mismas.
Un abrazo y MUCHAS FELICIDADES POR EL ÉXITO.

Aprovecho el correo para felicitar a Eva por su libro sobre la asertividad. Me ha gustado muchísimo. Pienso que tanto el contenido como la forma cómo lo habéis tratado –con las metáforas y los símiles tan acertados y bonitos a la vez–, están muy bien. Leerlo ha sido un placer. He aprendido muchas cosas que me esforzaré por llevar a cabo. ¡Gracias!

Por cierto, he disfrutado mucho con el libro de *La asertividad*, me parece una guía muy útil para mejorar la comunicación y las relaciones con los demás; además, decís cosas muy ciertas y razonables, pero me quedo con los comentarios sobre la autenticidad y la honestidad en las relaciones:

no se puede ser asertivo de manera artificial; como decís, la asertividad creo que nace de lo más íntimo de nosotros, del respeto por quienes nos rodean y de reconocer en los demás aquello que uno mismo es o puede ser en un momento dado. Como muy bien decís, la asertividad tiene mucho que ver con la capacidad de empatizar. ¡CON ESTE LIBRO, triunfaréis, sin duda!

Hola Eva.
Quisiera compartir con las dos autoras la agradable y entusiasmada sensación de inquietud estimulante durante la lectura de vuestro libro.

A pesar de no ser una novela con protagonistas y desenlace, me ha cautivado el enfoque. El hilo conductor (muy femenino [no feminista] desde mi punto de vista, sensible, real, palpable, reflexivo, directo y, al mismo tiempo, sutil), el entramado, la aparición de «nuevos personajes» (los conceptos).

He viajado con placer, ha sido una lectura que, a pesar de ser de aprendizaje, de pensar con rigor y que –como cualquier lectura de «conocimientos»– para mí necesita su tiempo de consolidación, no he podido parar de leer; he sentido constantemente aquellas ganas de más, más, a ver qué viene ahora. Y, para mi gusto, visualmente muy atractivo y ameno. ¡Buf, cuánto trabajo me queda por hacer! ¡Aprender a ser una persona extraordinaria!

Gracias y, una vez más, felicidades por vuestro éxito.

Te quería felicitar por el libro y darte las gracias por haberme hecho reflexionar sobre la importancia de trabajar la asertividad y deshacer algún tópico erróneo; hay que reconocer que el formato es una monada, estos pequeños bomboncillos que son de buen leer, amenos, muy gráficos y fáciles de comer (sólo les falta el aroma...). Mucho éxito y seguro que no me equivoco pensando que ya estás preparando alguna otra reflexión... quiero decir, alguna otra publicación.

El impulso de dónde sale el hecho de escribir este mensaje viene de la lectura del libro de *La asertividad*. Quiero felicitaros a ti y a tu compañera de escritura. Se desprende que os lo pasásteis bien durante el proceso.

Un libro que no es una novela, pero me ha despertado un deseo profundo de seguir leyendo. Un libro que no es de poemas, pero que es poético a ratos. Un libro que no es de risa, pero al que yo he encontrado unos toques de humor muy buenos (Forés de Bach y el yo-yo y el tu-tu...). Lo he encontrado muy creativo en la forma de presentarlo, muy ameno y, también consigue transmitir los conceptos serios e importantes que imagino que os propusísteis.

El caso es que este verano mis lecturas se han centrado en tus últimos libros (*La asertividad* y *La adolescencia*). La verdad, ha sido un placer. El lenguaje utilizado y el mensaje a transmitir me ha hecho creer que, a ratitos, compartía mi verano con vosotras, de tertulia (también con Anna Forés en el caso de la asertividad).

Por todo esto, os quiero hacer llegar una pequeña caricia de agradecimiento en forma de correo electrónico.

¡Muchas gracias!

Un beso y un gran abrazo.

¡Hola!
Os mando este correo electrónico para felicitaros por vuestro libro sobre *La asertividad*. Lo he leído y me gusta mucho. En

realidad, hace dos años que coordino unos cursos de comunicación y había leído sobre la asertividad, pero no desde esta perspectiva humanista. Yo me siento cómodo con la psicología humanista-transpersonal, y lo que había leído era cognitivo-conductual; encontraba a faltar información sobre asertividad desde esta perspectiva.

Muchas felicidades. Vuestro libro me ha gustado mucho ¡y lo recomendaré a las personas que tenga en los cursos!

Y también tengo que daros las gracias a Anna y a ti por el libro *La asertividad*. He visto que me proporcionará herramientas para mi tarea profesional como mediadora (para gestionar los conflictos, pero también para disponer de más dinámicas para hacer en las formaciones) y para mi vida personal y social.

Un abrazo,

Mi campo de trabajo es la Atención Primaria en Euskadi, Médico General. Tuve la gran (enorme) suerte de «conoceros», por este orden, a través de *La asertividad, E-mociones, Des-edúcate y Sedúcete para seducir*. Desde La asertividad pude ver la importante carga de respeto y cariño que le ponéis a «lo que tocáis». Sólo quiero expresaros mi agradecimiento por todas las flores que estáis cultivando. Estoy convencido de que no váis a dejar de regarlas para que sigan creciendo. Agur bero bat.

Me enviaron las galeradas del libro de *La asertividad*. Me ha gustado mucho porque, además de ser muy explicativo, es bonito, con las palabras, las canciones… y muy completo. Enhorabuena.

asertividad@winsartorio.com

Bibliografía citada

AÉLION, F., *El arte de dirigir. De Baltasar Gracián a Peter Drucker*, Barcelona, Gestión 2000, 2003.

ALBRECHT, K., *Inteligencia social. La nueva ciencia del éxito,* Barcelona, Ediciones B, 2007.

ALDECOA, J., *El enigma,* Madrid, Suma de Letras, 2002.

ARISTÓTELES, *Ética a Nicómano,* Madrid, Alianza, 2001.

BACH, E.; DARDER, P., *Des-edúcate. Una propuesta para vivir y convivir mejor,* Barcelona, Paidós (edición catalana: *Des-educa't*. Barcelona, edicions 62), 2004.

BERNE, E., *Juegos en que participamos: la psicología de las relaciones humanas,* Barcelona, Integral, 2007.

BLANCO, A., *Dhammapada, el camino de la verdad.* Madrid, Fondo de Cultura Económica, 2005.

STEINER, C.; PERRY, P., *La educación emocional*, Madrid, Punto de Lectura, 1997.

TERRICABRAS, J. M., *I a tu, què t'importa? Els valors. La tria personal i l'interès col·lectiu,* Barcelona, La Campana. 2002.

THURMAN, R. A. F.. *Ira.* Barcelona, Paidós, 2006.

TORRALBA, F., *El sentit de la vida.* Barcelona, Ara llibres, 2008.

WATZLAWICK, P.; BEAVIN, J. H.; JACKSON, D. D., *Teoría de la comunicación humana,* Barcelona, Herder, 1997.

WATZLAWICK, P., *¿Es real la realidad?,* Barcelona, Herder, 1976-79.

YOUNG, E., *Siete ratones ciegos,* Caracas, Ekaré, 2003.

ZARAÏ, R., *Las emociones que curan,* Barcelona, Martínez Roca, 1996.

■ *Webgrafia* ■

http://hazloquedebas.blogspot.com/2007/10/mariola-del-pozo-cuentos-de-la-arena.html

http://secretexpressions.com/flores.html

Jovell, A. J., *Liderazgo afectivo. All you need is love,* Barcelona, Alienta, 2007.

Krishnamurti, J. K., *La llibertat primera i última,* Lleida, Pagès Editors, 2005.

Lakoff, G., *No pienses en un elefante. Lenguaje y debate político,* Madrid, UCM, 2007.

O'Donnell, R., en: Pangrazzi, A. *et al. El mosaico de la misericordia,* Santander, Sal Terrae, 1990.

Paterson, R. J., *The assertiveness workbook,* Oakland, New Harbinger Publications, 2000.

Ramon-Cortés, F., *La isla de los cinco faros. Un recorrido por las claves de la comunicación,* Barcelona, RBA-Integral, 2005.

–; *Conversaciones con Max. Despertar la confianza a través de la comunicación,* Barcelona, RBA-Integral, 2007.

Rogers, C. R., *El proceso de convertirse en persona,* Barcelona, Paidós (17ª edición), 1961-2004.

Salmurri, F., *Libertad emocional. Estrategias para educar las emociones,* Barcelona, Paidós, 2004.

Savater, F., *Criaturas del aire,* Barcelona, Destino, 1991.

Schuler, E., *Asertividad,* Madrid, Gaia Ediciones, 1998.

Serrano, S., *El regalo de la comunicación,* Barcelona, Anagrama, 2004.

Seligman, M., *La auténtica felicidad,* Barcelona, Ediciones B, 2002.

Soler, J.; Conangla, M.M., *Sin ánimo de ofender,* Barcelona, RBA-Integral, 2007.

STEINER, C.; PERRY, P., *La educación emocional*, Madrid, Punto de Lectura, 1997.

TERRICABRAS, J. M., *I a tu, què t'importa? Els valors. La tria personal i l'interès col·lectiu,* Barcelona, La Campana. 2002.

THURMAN, R. A. F.. *Ira.* Barcelona, Paidós, 2006.

TORRALBA, F., *El sentit de la vida.* Barcelona, Ara llibres, 2008.

WATZLAWICK, P.; BEAVIN, J. H.; JACKSON, D. D., *Teoría de la comunicación humana,* Barcelona, Herder, 1997.

WATZLAWICK, P., *¿Es real la realidad?,* Barcelona, Herder, 1976-79.

YOUNG, E., *Siete ratones ciegos,* Caracas, Ekaré, 2003.

ZARAÏ, R., *Las emociones que curan,* Barcelona, Martínez Roca, 1996.

Webgrafia

http://hazloquedebas.blogspot.com/2007/10/mariola-del-pozo-cuentos-de-la-arena.html

http://secretexpressions.com/flores.html

Bibliografía complementaria

ALBALADEJO, M., *La comunicació més enllà de les paraules. Què comuniquem quan creiem que no comuniquem,* Barcelona, Graó, 2007.

ALEGRÍA, C., *Comunicación efectiva = Comunicación afectiva,* Madrid, Espasa Práctico, 2000.

ARCARTI, K., *El lenguaje secreto de las flores: la vida de los seres más bellos del planeta,* Barcelona, Océano Ambar, 2001.

BACH, E.; DARDER, P., *Sedueix-te per seduir. Viure i educar les emocions,* Barcelona, ed. 62 (edició castellana: Paidós), 2002.

BACH, E.; FORÉS, A., *E-mociones. Comunicar y educar a través de la red.* Barcelona, CEAC, 2007.

BACH, E.; MARTÍ, C., *El divorcio que nos une,* Barcelona, CEAC, 2007.

BERCKHAM, B., *Cómo defenderse de los ataques verbales.* Barcelona, Integral, 1998-2004.

BISHOP, S., *Desarrolle su asertividad,* Madrid, Gedisa, 2000.

BORRELL, F., *Cómo trabajar en equipo y crear relaciones de calidad con jefes y compañeros.* Barcelona, Gestión 2000, 2001.

CABALLO, V. E., *Manual de evaluación y entrenamiento de las habilidades sociales,* Madrid, Siglo Veintiuno de España Editores, S.A., 1993

CYRULNIK, B., *Del gesto a la palabra. La etología de la comunicación en los seres vivos,* Barcelona, Gedisa, 2004.

CORNELIUS, H.; FAIRE, S., *Tú ganas, yo gano. Cómo resolver conflictos creativamente,* Madrid, Gaia, 1989.

DESMARAIS, B., *El lenguaje secreto de las flores,* Barcelona, De Vecchi, 2000.

EMOTO, M., *Mensajes del agua,* Barcelona, La liebre de marzo, 2003.

FABER, A.; MAZLISH, E., *Cómo hablar para que sus hijos le escuchen y cómo escuchar para que sus hijos le hablen,* Barcelona, Medici, 1997.

FORÉS, A.; VALLVÉ, M., *Teatro de la mente y metáforas educativas. La didáctica en educación social.* Ciudad Real, Ñaque, 2002.

GRANÉ, J.; FORÉS A., *La resiliència.* Barcelona, UOC (edición castellana: Plataforma Editorial), 2007.

GOLDSTEIN, A. P. *et al.*, *Habilidades sociales y autocontrol en la adolescencia, Un programa de enseñanza,* Barcelona, Martínez Roca, 1989.

GOLEMAN, D., *Inteligencia emocional,* Barcelona, Kairós, 1996.

HARE, B., *Sea asertivo. La habilidad directiva clave para comunicar eficazmente,* Barcelona, Gestión 2000, 2003.

JORDA, E., *Norte Grande: Viaje por el desierto de Atacama*, Barcelona, Altair Viajes, 2002.

LOWEN, A., *El lenguaje del cuerpo,* Barcelona, Herder.

MICHELSON, L.; SUGAI, D. P.; WOOD, R. P.; KAZDAN, A. E., *Las habilidades sociales en la infancia. Evaluación y tratamiento*, Barcelona, Martínez Roca, 1987.

MONJAS, I., *Programa de entrenamiento en habilidades de interacción social. PEHIS*, Salamanca, Trilce, 1993.

NARDONE, G., *Corrígeme si me equivoco,* Barcelona, Herder, 2006.

RIBERO, L., *Con los pies en el suelo y la cabeza en las estrellas,* Barcelona, Urano., 1998.

RIBERO, L., *La comunicación eficaz,* Barcelona, Urano, 1994.

SERRANO, S., *Comprender la comunicación,* Barcelona, Paidós, 2000.

■ *Relación de canciones citadas* ■

Rosas en el mar, Luis Eduardo Aute

Gitana hechicera, Peret

Depende, Jarabe de Palo

*¿Qué será, será...?,*Ray Evans / Jay Livingston

New York, New York, Fred Ebb

Eres tan increíble, Noe Rivas

Seguirem somniant, Sopa de Cabra

Su opinión es importante.
En futuras ediciones, estaremos encantados
de recoger sus comentarios sobre este libro
La asertividad. Para gente extraordinaria.
Por favor, háganoslas llegar a través de nuestra web

www.plataformaeditorial.com

Cómo enfrentarnos, cómo sobreponerse y salir transformados ante las adversidades. Ante las situaciones límite que no parecen tener salida. *La resilencia* nos invita a desbloquear los problemas, a encontrar nuevos caminos y nuevas posibilidades.

Adolescentes. Saber conjugar la autoridad que como padres nos corresponde y la ternura que necesitan nuestros hijos, son dos componentes que nos ayudarán a sobrellevar mejor su adolescencia.